APENAS UM SUBVERSIVO

Obras do autor publicadas pelo Grupo Editorial Record:

O pagador de promessas
A invasão
O bem-amado
O berço do herói
O santo inquérito
As primícias
O rei de ramos
Campeões do mundo
Sucupira, ame-a ou deixe-a
Odorico na cabeça

DIAS GOMES
APENAS UM SUBVERSIVO

BERTRAND BRASIL
Rio de Janeiro | 2022

CIP-BRASIL. CATALOGAÇÃO NA PUBLICAÇÃO
SINDICATO NACIONAL DOS EDITORES DE LIVROS, RJ

G613p Gomes, Dias, 1922-1999
2ª ed.   Apenas um subversivo / Dias Gomes. - 2. ed. - Rio de Janeiro : Bertrand Brasil, 2022.

ISBN 978-65-5838-105-1

1. Gomes, Dias, 1922-1999. 2. Dramaturgos brasileiros - Brasil - Biografia. I. Título.

22-79013   CDD: 869.2009
                    CDU: 929:792.071.1(81)

Gabriela Faray Ferreira Lopes - Bibliotecária - CRB-7/6643

Copyright © 1998 by Dias Gomes

Capa: Renata Vidal
Foto da capa: Arquivo / Agência O Globo

Texto revisado segundo o novo Acordo Ortográfico da Língua Portuguesa.

Todos os direitos reservados.
Não é permitida a reprodução total ou parcial desta obra, por quaisquer meios, sem a prévia autorização por escrito da Editora.

Direitos exclusivos de publicação em língua
portuguesa somente para o Brasil adquiridos pela:
EDITORA BERTRAND BRASIL LTDA.
Rua Argentina, 171 — 3º andar — São Cristóvão
20921-380 — Rio de Janeiro — RJ
Tel.: (21) 2585-2000

Seja um leitor preferencial. Cadastre-se no site www.record.com.br e receba informações sobre nossos lançamentos e nossas promoções.

Atendimento e venda direta ao leitor:
sac@record.com.br

Para meus filhos
e para os filhos dos meus filhos.

Se não houver frutos
Valeu a beleza das flores
Se não houver flores
Valeu a sombra das folhas
Se não houver sombra
Valeu a intenção da semente.
(De autor desconhecido)

"Nelson Rodrigues é pornográfico.
Dias Gomes é pornográfico e subversivo.
Se querem fazer revolução, peguem em armas!"
(Carlos Lacerda, ao proibir *O berço do herói*)

PRIMEIRA PARTE

1

Nada mais fugidio, mais inconsistente, mais impalpável, tudo que me vem à mente remetido pelo passado chega translúcido, com a transparência dos fantasmas, corro atrás, e se dissolve no ar, como bolhas de sabão, deixando-me frustrado e coberto de dúvidas, não consigo mesmo traçar uma linha divisória entre as imagens dos fatos acontecidos e aqueles criados pela minha imaginação. Não poderia nunca jurar dizer a verdade, toda a verdade, nada mais que a verdade, tão forte é a imagem da mentira que vem junto, grudada, parasitada. Não será a mentira, muitas vezes, mais reveladora que a verdade? Como posso afirmar que a vida que sei que vivi é mais verdadeira que a que inventei para mim? O que posso garantir é que esta última tem muito mais a ver comigo. Vou tentar, mas não sei se gostaria de ser absolutamente verdadeiro, já que vivi apenas um terço, se muito, da vida que me estava destinada; os outros dois terços foram desvios por caminhos alheios, vidas que deveriam ser vividas por outras pessoas; é a impressão que tenho. Não digo isso para me eximir de culpa, assumo todos os erros. Apenas quero ser honesto e preciso ao precisar a imprecisão de minha memória. E o caráter compulsivo e empulhador de minha imaginação.

A primeira imagem chega desbotada, oscilante e gelatinosa, tem um cenário cinza-escuro, cor de chumbo derretido, portas e janelas são garatujadas de forma irregular, apenas sugeridas, para destacar a câmara mortuária armada no centro da sala. Nos meus três anos de idade e visto de baixo, dos meus 90 centímetros de altura, parece-me de tamanho descomunal aquele caixão negro ardendo entre quatro círios acesos que povoavam a sala de sombras fantasmagóricas, em macabra coreografia. Insuportável o cheiro enjoativo das flores dormidas, misturado a outros odores aprisionados entre as quatro paredes durante toda a noite. Minha tia Mariazinha me levanta nos braços e manda que beije o rosto de meu pai. Um rosto cor de cera, o bigode negro e espesso cobrindo os lábios grossos, bem delineados, mas apertados pelo lenço que amarra o queixo à cabeça, como um prolongamento do colarinho duro de pontas viradas. Sinto na boca um gosto gélido, marmóreo. Procuro em mim mesmo sinais do sofrimento, da fatalidade que afivela máscaras soturnas em todos os rostos. Apenas uma imprecisa sensação de perda que viria a experimentar várias vezes, de maneira mais funda, no decorrer de minha um tanto longa existência. Tenho vontade de correr, fugir dali e ganhar a rua, dar cambalhotas sob o sol escaldante. Mas sei que não posso fazer isso, o homem no caixão é meu pai, Plínio Alves Dias Gomes, filho de Manoel Dias Gomes, neto de Alcebíades Dias Gomes, bisneto de outro Dias Gomes. Sempre me intrigou por que, ao longo de gerações e gerações, os dois sobrenomes nunca se separavam, já que eram gente simples, meu avô, humilde funcionário da Estrada de Ferro Central da Bahia; quem sabe um ancestral mais distante, no topo de nossa árvore genealógica, se notabilizou de alguma forma. Não certamente o meu tetravô, um pequeno armador que possuía uma frota de barcos e explorava o serviço de transportes no Rio Paraguaçu, em Cachoeira, tendo-se arruinado quando esses transportes passaram a ser feitos por terra. A fim de saldar as dívidas, deu a filha, minha trisavó, em casamento a seu principal credor. Minha trisavó tinha 10 anos e estava brincando com suas bonecas quando foram chamá-la para a cerimônia nupcial (tema de que se serviria Janete em uma de suas novelas radiofônicas).

    Ainda aquela imagem de contornos imprecisos, como um borrão, e o odor ativo de flores mortas são as únicas lembranças que tenho de meu pai. E não me perdoo por isso. Gostaria de lembrar seu cheiro peculiar, sua maneira de falar, de sorrir, de andar, o calor do seu abraço, a ternura de seu olhar. Tento reconstituí-lo em minha mente, juntando, como num quebra-cabeça, frases, gestos, posturas que me foram transmitidas mais tarde por minha mãe. Quando eu vim ao mundo, ele disse: "Esse menino não devia ter nascido." Eu era um filho temporão, e ele tinha o pressentimento de que morreria cedo, como morreu, aos 44 anos, sem ter tempo de me preparar para a vida, como preparou meu irmão. Convivi muito tempo com esse complexo de rejeição e até hoje tento provar, desesperadamente, que ele não tinha razão, que eu deveria, sim, ter nascido. Era um homem íntegro, determinado, que havia conseguido um título universitário à custa de muito sacrifício e com postura espartana diante da vida. O pai, aposentado por cegueira, não o pudera ajudar; teve que abrir suas próprias picadas e arar o solo onde iria semear. Como engenheiro, trabalhou na construção de uma estrada de ferro no norte do país, a Madeira-Mamoré. É fácil para mim imaginá-lo desvirginando a mata, plantando trilhos, enfrentando índios e onças-pintadas, intrépido desbravador, contraindo doenças tropicais, navegando no delírio e no desconhecido, visitando as fronteiras da morte e seguindo em frente — era assim que falava dele para os outros garotos, colegas de escola ou moleques da rua, com quem gostava mais de brincar e jogar futebol do que de ir às aulas, descrevendo suas aventuras mirabolantes nas selvas amazônicas. Nada disso condiz com a placidez daquele rosto ou a sisudez do cenário. Procuro minha mãe nessa cena e não encontro. Mas sei que ela está lá, já de luto fechado, sentada e vergada sobre si mesma. Alice é uma bela mulher de 33 anos, os cabelos cortados *à la garçonne* (teve que enfrentar a ira de meu pai quando cortou suas longas melenas negras para se ajustar à moda da época). As lágrimas acentuam a doçura de suas feições. Não consigo ver a expressão de seus olhos, mas sei que estão cheios de medo. Não está preparada para lutar sozinha pela educação de dois filhos, eu com 3, meu irmão com 13 anos; meu pai deixava-lhe como única herança uma casa que acabara de construir e que ela teria de vender para sobreviver. Era uma construção de dois pavimentos, no bairro do Garcia, perto da Praça Dois de Julho, um bangalô amarelo-esmaecido com um jardinzinho na frente e um quintal nos fundos, onde criávamos galinhas e coelhos. Também a casa me parecia muito maior do que era na verdade, como pude constatar, decepcionado, muitos anos mais tarde, quando lá voltei em busca das minhas pegadas, que julgava indeléveis, quase todas agora apagadas pelo tempo e pelo progresso. Eu havia nascido ali perto, na Rua do Bom Gosto, no bairro do Canela. Em frente, onde hoje existe uma universidade, havia a Roça dos Padres, onde gostava de ir roubar mangas e era frequentemente perseguido pelos cães. Um denso matagal, abrigo de lobisomens nas noites de lua cheia, principalmente as de sexta-feira, muita gente é testemunha. Mais adiante, dobrando a curva que fazia o bonde gemer nos trilhos, o Ginásio Nossa Senhora das Vitórias, dos irmãos maristas, um casarão soturno no centro de um pomar, onde fiz o curso primário e me obrigaram compulsoriamente a acreditar em Deus, a quem prestava conta dos meus atos todas as noites, antes de rezar um Padre Nosso e três Ave Marias. Foi a primeira vez que fiz autocrítica, prática com que viria a me deparar muitos anos depois no Partido Comunista. Confessando todas as noites meus "pecados", pedi perdão certa vez de ter respondido com uma banana para o irmão Cândido, quando ele, com um sorriso libidinoso por cima de seu papo branco, me convidou a ir ao seu quarto buscar um santinho: "Aqui, ó!", sabia de sua fama de pederasta e ainda não tinha a tolerância que tenho hoje para com as preferências sexuais alheias. Minha impertinência custou-me a expulsão do colégio, claro que sob outros pretextos, "indisciplina, conduta inconveniente, desrespeito aos superiores" etc., alegações mais que justas. Fatos como esse começaram a minar minha crença em Deus, embora Ele não tivesse culpa dos descaminhos de seus procuradores na Terra. A missa das 6h, aos domingos, contava pontos e me forçava a sair de casa em jejum, ir a pé até o colégio, ouvindo roncos do meu estômago. Um dia, ajoelhado na primeira fila, senti os altares e as imagens de Nossa Senhora e Santo Antônio rodopiarem à minha volta, e fui de cara no piso de mármore da nave. Não perdi a fé, mas fiquei traumatizado e levei muitos anos para ter coragem de voltar a entrar numa igreja; no portal já começava a sentir tonturas, tinha a impressão de que mais um passo à frente e iria desmaiar. Tanto que, em 1935, quando minha mãe decidiu assistir à missa em todas as igrejas da Bahia (segundo a lenda, eram 365, mas constatamos serem apenas 92), cumprindo uma gigantesca promessa que fizera ao Senhor do Bonfim, deixava-me na porta, empacado como uma mula, temeroso de entrar. Isso talvez tenha contribuído para a crise existencial que sofri alguns anos depois, quando resolvi questionar minha crença. Estimulado por algumas leituras, postei-me diante de mim mesmo e me fiz a pergunta que nunca tivera coragem de fazer: "Deus existe?". Busquei evidências de Sua existência e não encontrei (não me haviam ensinado a amá-Lo, mas apenas a temê-Lo, e esse temor era infundado). E, como também não tinha provas do contrário, tornei-me agnóstico. Decidi que Deus não mais faria parte de minhas preocupações. Decisão apressada, como provariam as peças que vim a escrever mais tarde. Eu tinha um caso mal resolvido com Deus.

2

Tivemos que vender a casa. O dinheiro apurado daria para construir outra, bem menor, e o restante, esperava-se, para custear os estudos de meu irmão na Faculdade de Medicina e nossa sobrevivência. Ledo engano, a nova casa custou muito mais do que o previsto, pouco sobrou, e daí em diante tivemos uma vida dura pela frente. Minha mãe passou a lutar por um emprego, usando as relações da família, munindo-se de pistolões para políticos influentes, ouvindo promessas e mais promessas, que não passavam disso. Havia recebido esmerada educação em prendas domésticas, como as moças de boa família de sua época. Arranhava o francês, iniciara o aprendizado de um instrumento dos mais nobres, o violino, sabia costurar e bordar com maestria, mas todas essas habilidades tinham pouco sentido prático. Ou um único sentido, o casamento. Fora pedida aos 16 anos, e tudo isso objetivava apenas torná-la uma boa e prendada esposa. Era de Cachoeira, cidade às margens do rio Paraguaçu, sujeita às suas enchentes. Prevendo isso, todas as casas eram assobradadas. No dia do noivado, a casa onde moravam meus avós maternos estava com todo o andar térreo submerso, a família havia se mudado para o andar superior. Meu pai, vestido a rigor, chapéu-coco, colarinho duro, sapatos de verniz e polainas, teve que ir de canoa, aportando à janela do sobrado e entrando por aí para fazer o pedido, com todas as formalidades exigidas.

Usando uma de suas habilidades, minha mãe começou a fazer doces, contratou meia dúzia de vendedores ambulantes, montou um pequeno negócio, que lhe deu mais aborrecimentos do que lucro. Era roubada pelos vendedores que, vez por outra, sumiam com todo o produto da venda. Eu estava com 10 anos. A nova casa ficava no Bosque da Barra, numa rua que, por coincidência, tinha o nome de um ancestral pelo lado materno, o marquês de Caravelas. Esse parentesco era motivo de orgulho na família que, pelo lado de minha mãe, tinha fumaças de nobreza arruinada. Sinceramente, não sei em que galho da árvore genealógica se dependurava o marquês. Num galho mais próximo, estava o jurisconsulto Augusto Teixeira de Freitas, primo em segundo ou terceiro grau, autor de nossa primeira consolidação das leis civis, e que, talvez por isso, por tentar fixar leis num país que sempre as desrespeitou, morreu louco. Um tio dele, aliás, Manoel Teixeira de Freitas, no dia 25 de junho de 1922, das janelas do paço de Cachoeira, proclamou o Brasil independente de Portugal. Os compêndios de história afirmam que foi D. Pedro I, mas é mentira; foi ele, Maneco, como presidente da Câmara Municipal, num gesto que não deixa de ter sua pitada de loucura, dois meses antes do berro do Ipiranga.

Talvez na ânsia de provar que merecia ter nascido, comecei a escrever muito cedo, aos 9 para 10 anos de idade. No início, era menos vocação do que imitação: meu irmão, Guilherme, embora estudando medicina por determinação paterna, era poeta, contista, romancista. Vivia dividido entre a carreira e a vocação represada. E acabou morrendo aos 30 anos sem conseguir realizar-se como escritor. Foi a pessoa que mais influência exerceu sobre a minha adolescência. Dez anos mais velho do que eu, talentoso, responsável, aplicado nos estudos, com enorme facilidade para aprender línguas (ao contrário de mim, que me digladio até hoje com dois ou três idiomas), ocupou o lugar de meu pai. Comecei a escrever para igualar-me a ele. Hoje acho que fatalmente seria um escritor porque nunca descobri em mim aptidão para qualquer outra atividade. Mas as minhas primeiras experiências literárias foram determinadas pelo desejo de imitar meu irmão, que me era sempre apontado como um exemplo não só por minha mãe como por toda a família. "Mira-te no teu irmão." Sua amizade com Jorge Amado, Edison Carneiro e Dias da Costa (fazia parte do grupo autointitulado Academia dos Rebeldes, em oposição à Academia Brasileira de Letras), escritores que na época começavam a colher seus primeiros sucessos literários, impressionava-me muito. Garatujei meus primeiros contos, que receberam o estímulo de D. Beatriz Contreiras, a professora chamada a fim de me preparar para o exame de admissão ao ginásio, depois que fui expulso do colégio dos irmãos maristas. Ao contrário de meu irmão, sempre fui um menino rebelde, mau aluno, desobediente, levando surras frequentes de minha mãe por fugir de casa para jogar futebol com os "moleques da rua" ou por matar aulas para ir aos poeiras da Baixa do Sapateiro. Com uma formação elitista, preconceituosa, até certo ponto ridícula na situação em que nos encontrávamos, minha mãe não podia admitir que eu me misturasse a negros no "baba" de todas as tardes no campo do Galicia. Frequentemente dela ouvia a frase: "Que vai ser desse menino?" De fato, em sã consciência, ninguém poderia apostar no meu futuro. A única coisa que chamava a atenção da família era a minha habilidade em organizar pequenas funções teatrais com meus primos, em dias de festa, encenando esquetes num palco improvisado, esquetes que eu imaginava, representava e dirigia, com a única finalidade de correr o pires depois e angariar alguns níqueis para ir ao cinema. Foi esse o primeiro sintoma de uma maravilhosa enfermidade que viria a me atacar alguns anos depois — a paixão pelo teatro. Mal crônico, congênito e incurável.

Essas improvisadas encenações ocorriam sempre na casa de minha tia Mariazinha, casada com Alfredo Soares da Cunha, viúvo, pai de sete filhos, comerciante falido que refizera sua vida estudando homeopatia em livros importados — um autodidata — fundando em seguida um laboratório homeopata. Temperamento forte, arrojado, transformou em pleno sucesso sua audácia, provocando a ira dos doutores formados pela Faculdade de Medicina da Bahia que tentavam impedi-lo de clinicar, ignorando um diploma que havia conseguido no Rio de Janeiro. Com acentuado gosto pela polêmica, meu tio comprava páginas e páginas dos jornais para defender-se, chamando a seus detratores de charlatães de beca, título que deu a um livro autobiográfico. Ateu confesso, abraçou a homeopatia como religião, Dr. Hanneman, o seu deus, inflexível em sua ortodoxia. Sofria de uma rinite alérgica que o forçava a andar, permanentemente, com um enorme lenço, que enrolava como corda, e, segurando as extremidades, coçava nervosamente as narinas, como quem engraxa sapato. Pouco tempo depois de ter começado a clinicar, seu filho mais velho, Murilo, que viria a formar-se em medicina e herdaria sua clientela, caiu gravemente enfermo. Coerente com os ensinamentos hannemanianos que acabara de absorver, proibiu que se chamasse qualquer médico alopata, decidindo ele mesmo tratar o próprio filho. Como ainda não dera provas de competência, provocou com sua atitude a revolta da família e dos amigos, sendo por muitos considerado louco. Durante semanas e semanas não arredou pé do leito em que o filho agonizava entre a vida e a morte, pondo à prova sua crença no lema *similia similibus curantur*, sabendo que seria crucificado se fracassasse. E alcançou seu intento, firmando daí em diante uma reputação, que seria sempre contestada pelos alopatas, mas que viria a constituir precioso legado aos filhos e aos netos que conseguiu formar e fazer praticarem a homeopatia. A mesma rigidez com que defendia suas convicções, mantinha, como chefe de clã, em seus princípios morais. Jamais permitiu que suas quatro filhas saíssem para namorar fora de casa. Nem mesmo no portão. Permitiria, sim, que o possível pretendente viesse sentar-se no estratégico sofá da sala, sob severa vigilância paterna. Como isso assustava os candidatos, todas as quatro permaneceram solteiras e virgens até a morte. Eram as "meninas do 25", como a chamávamos e continuamos chamando até a idade provecta a que chegaram. A elas devo inspiração para muitas personagens. Uma delas, Eufrosina, a mais jovem, rebelou-se contra a intransigência paterna e apaixonou-se por um motorista de praça. Candente paixão, embora platônica, severamente reprimida, dada a condição inferior do objeto de seu desejo, o que a levou, por estranhos mecanismos psicológicos, a uma crise de histeria, um inusitado horror à sujeira que obrigava uma criada a segui-la por toda parte, limpando tenuíssimas partículas de pó e a levava a tomar vários e demorados banhos por dia, forçando meu tio, muita vez, a arrombar a porta do banheiro e arrancá-la de lá à força.

O 25 da Avenida Princesa Leopoldina, na Barra Avenida, era um bonito casarão do começo do século, que fazia boa figura na rua enladeirada, antes de essa ser invadida pelos espigões. Foi mesmo o último a resistir à invasão bárbara do concreto armado. Na minha infância, parecia-me imenso em seus salões ajanelados de pé direito altíssimo e paredes decoradas a mão, num dos quais uma mesa com mais de vinte assentos reunia a família e seus agregados todos os domingos para um almoço cuja variedade de pratos ia do costumeiro mal-assado aos típicos caruru, sarapatel, moquecas de peixe e siri-mole. Meu tio Alfredo à cabeceira, em sua postura patriarcal, sempre num imaculado terno de linho branco, jamais permitia que alguém se sentasse sem paletó. A concessão era uma espécie de blazer e minha tia Mariazinha mantinha dois ou três guardados para uma emergência, alguém que se apresentasse inadvertidamente em mangas de camisa. Muita vez tive que levantar-me da mesa para ir vestir-me convenientemente. Mas foi sentado a essa mesma mesa, cercado por toda a família, que li os originais de minha primeira peça, *A comédia dos moralistas*. Estava já com 15 anos e morava no Rio; tinha ido passar as férias. A plateia, constituída de primos e primas, reagiu generosamente a esse meu incipiente trabalho. Meu tio Alfredo julgou ter descoberto um gênio na família. Imediatamente contratou uma gráfica para imprimir o texto e um crítico para elogiá-lo devidamente nas páginas do jornal *A Tarde*. Era um homem de gestos contundentes. Dessa edição de 500 brochuras, que distribuí em consignação nas livrarias do Rio, venderam-se fatídicos 13 exemplares, apesar dos meus esforços (quase todos os dias passava na Livraria Freitas Bastos, desencavava um exemplar escondido no fundo de uma estante, colocava-o de pé, entre os best-sellers e saía correndo).

Meu irmão cursava o último ano de medicina. Era de estatura mediana, mas de compleição robusta, grandes olhos negros de longas pestanas e lábios grossos, sensuais; agradava às mulheres. Uma de suas namoradas, Alaíde, era uma morena de cabelos castanho-alourados e corpo enxuto, que gostava de mostrar na praia em maiôs audaciosos para a época. Tinha uma irmã adolescente que carregava sempre consigo, talvez por imposição paterna, simbólica sentinela de sua suposta e gloriosa virgindade. Lenita, a irmãzinha, era um elemento constrangedor, se os namorados buscassem um relacionamento mais íntimo. Por isso, meu irmão levava-me também quando ia encontrar-se com Alaíde. Minha missão era entreter a menina, e eu a desempenhava a contento, brincando de enterrá-la na areia, modelando seu corpo, cobrindo-o com conchas coloridas. Lenita tinha já seus 13 para 14 anos, começando a tomar jeito de moça, os seios pequeninos a despontar como dois tumores, e eu, de uma magreza que justificava meu apelido de "Caveirinha", acabara de completar 10. Mas começava a descobrir o sexo e a antever, de maneira confusa, um mundo ainda vedado de fantasias eróticas. Nossas brincadeiras me excitavam e resultavam em horas de solitário onanismo quando chegava a casa. Gostaria de saber se o mesmo acontecia com ela, mas a timidez me impedia de tocá-la. Um dia, vim a saber que o namoro de Guilherme com Alaíde havia terminado. Eu não mais voltaria a ver Lenita. Entrei em desespero e descobri que estava irremediavelmente apaixonado. Voltei à praia da Barra várias vezes, na esperança de reencontrá-la. Não tendo sucesso, decidi ir à sua casa. Uma empregada me atendeu e informou que toda a família tinha ido passar as férias na ilha de Itaparica. Eu conhecia bem Itaparica, meu tio Vital possuía lá uma casa onde íamos veranear todos os anos. Num impulso inopinado, sem nada avisar em casa e sem imaginar o pânico que provocaria o meu desaparecimento, rumei para o Cais do Porto, peguei o corcoveante naviozinho da Companhia de Navegação Baiana e, em pouco mais de uma hora, estava em Itaparica.

A pequena cidade de Itaparica, localizada no extremo norte da ilha do mesmo nome (quando escrevi *O bem-amado*, foi nela que me inspirei para inventar a cidade de Sucupira), era um lugar de parcos divertimentos. Afora o "banho salgado", a peregrinação para beber água na "Fonte da bica" e a pescaria (notadamente a de siri, com "gereré") só mesmo a chegada do "vapor" no fim da tarde. Por isso, quando o navio atracou, arrancando rangentes gemidos da velha ponte de madeira, quase toda a população da ilha, incluindo nativos e veranistas, o aguardava, espalhada pelo cais e adjacências. Desci a terra e me pus a procurar Lenita, certo de que a encontraria. Como a encontrei, um pouco adiante, junto ao velho forte de renomadas glórias à época da Independência. Ali costumávamos ir brincar, eu e minha turma, entre os enferrujados canhões que tanto fogo haviam cuspido contra os portugueses no dia 7 de janeiro de 1923, quando Itaparica, tardia mas heroicamente, libertou-se do jugo de Portugal — feito que é comemorado todos os anos com um desfile pelas ruas da cidade, a população acompanhando uma carreta encimada pela escultura de um caboclo, símbolo da resistência itaparicana. Lenita e um grupo de adolescentes, meninos e meninas, divertiam-se beliscando uns aos outros, às gargalhadas. Quando cheguei, um deles, rapaz de seus 17 anos, tentava enlaçá-la pela cintura. Parei a alguns passos de distância, o coração na boca, sem coragem de me aproximar. Quando me viu, Lenita deixou o grupo e veio ao meu encontro.

— Que é que você faz aqui, menino?

Não soube o que responder. Fiquei olhando para ela, sentindo as pernas bambearem, como diante de uma prova oral de matemática. Lenita, quase um palmo mais alta do que eu, pôs a mão na minha cabeça, assanhou meus cabelos, depois se inclinou para beijar-me na testa, um beijo ascético, maternal, que me humilhou, acabou comigo, com minhas fantasias.

— Sua mãe sabe que você está aqui sozinho? Vai pra casa.

A turma a chamava e ela saiu correndo, sumiu por trás do forte. Tomei consciência do ridículo e fiquei estático, mole como uma geleia, desfazendo-me, uma dor funda no peito, que mais tarde vim a saber chamar-se "dor-de-corno".

Anoitecia. Fiquei vagando pela ilha, na incômoda impressão de haver desencarnado, tornando-me espectro de mim mesmo. A sensação de perda cavava umbrosa caverna dentro de mim e tornava tudo à minha volta sem sentido, prolongamento de minha imensa decepção. As ruelas desertas e sem luz levaram-me até a casa de meus tios. Tia Zaru não escondeu o espanto ao ver-me. E quando soube que tinha fugido de casa arregalou os olhos, incrédula. Minha mãe deveria estar em pânico naquele momento, mobilizando toda a família, ligando para o pronto-socorro, a polícia. E em Itaparica não havia telefones, meios de avisá-la. Apenas o telégrafo. Mas um telegrama só seria entregue no dia seguinte. E, como pela manhã sairia o navio que me levaria de volta, eu certamente chegaria antes do telegrama, para a bem merecida surra. Normalmente, minha mãe deitava-me sobre os joelhos, tirava o chinelo e descia-me as calças. Quase sempre eu conseguia fugir depois das primeiras chineladas. Dessa vez, deixei que ela batesse à vontade.

Até que não foi difícil absorver minha primeira decepção amorosa. Mas, talvez em consequência, se eu já não era bom aluno, tornei-me pior ainda. Fui reprovado no exame de admissão ao Ginásio da Bahia, apesar dos esforços da professora Beatriz Contreiras. Na verdade, nem fiz as provas; temendo a reprovação, simulei um desmaio, dores misteriosas no fígado, e meu irmão foi chamado às pressas para me socorrer. Por sorte, conseguimos uma bolsa de estudo num colégio particular, o Ginásio Ipiranga, famoso por sua excessiva complacência para com os maus alunos. Era um velho sobrado colonial da Ladeira do Sodré e de muitas histórias para contar, pois lá residira o poeta Castro Alves e por ali também haviam passado muitos baianos ilustres. Voltei lá quase 60 anos depois, já famoso, levado por um canal de televisão para uma reportagem sobre a minha vida e me senti muito deprimido, o casarão pardacento, malconservado, era um cenário fantasmagórico que pouco tinha a ver com as imagens retidas na memória, embora ainda funcionasse como colégio. Imaginei que durante a noite os fantasmas de Castro Alves e seus contemporâneos devessem arrastar pelas escadas de madeira carcomida pelo cupim as correntes escravas do navio negreiro.

Fiquei apenas um ano e meio no Ipiranga; saí quando cursava a segunda série ginasial, de mudança com a família para o Rio e guardo poucas recordações desse período. Nunca fui bom aluno, conseguia distinguir-me em pouquíssimas matérias, como português e francês, a matemática era o meu pesadelo (quando o professor me chamava para ir ao quadro de giz, geralmente havia saído pouco antes para ir ao banheiro). Também em disciplina deixava muito a desejar, como sempre, já que a rebeldia se afirmava como traço marcante de meu caráter.

3

Meu irmão acabava de formar-se em medicina e, desejando de imediato garantir o sustento da família, foi ao Rio fazer exames para integrar o quadro médico do Exército. Minha mãe decidiu ajudá-lo, prometeu ao Senhor do Bonfim assistir a missas em todas as igrejas da Bahia (essa promessa foi uma das fontes de inspiração quando, 24 anos depois, escrevi *O pagador de promessas*). Senhor do Bonfim, sensibilizado, mexeu lá os seus pauzinhos e o mano foi aprovado. Acertadas as contas com o santo, isto é, paga a promessa, arrumamos as malas e embarcamos num navio da Costeira, eu ainda de calças curtas, mas com um chapéu de palhinha *à la* Maurice Chevalier que insisti em comprar. Meu irmão nos esperava no Cais do Porto e a primeira coisa que fez foi obrigar-me a jogar fora o chapéu; ali mesmo o atirou ao mar. Levou-nos depois para uma pensão na Rua do Matoso, onde havia alugado dois quartos, um para nós dois e outro para nossa mãe. A pensão era de uma boa amiga dos tempos de papai, Dona Marieta, que nos levaria depois para o Flamengo e para Copacabana, à medida que seu estabelecimento deambulava de bairro em bairro. Vi então, pela primeira vez, Guilherme envergar o uniforme verde-oliva de segundo-tenente do Exército. Os olhos de minha mãe marejados de lágrimas, eu sorrindo orgulhoso, a farda caía bem naquele que era não apenas meu irmão, mas também meu ídolo. Não tinha noção do que aquilo significava para ele em sacrifício pessoal. Formando-se em medicina e agora ingressando no Exército, Guilherme praticamente renunciava a seus anseios de escritor e selava seu destino, marcado por morte misteriosa e prematura. Ele me havia matriculado no Ginásio Vera Cruz, na Tijuca, onde cursei até a quarta série. No último ano, a fim de ter o dia livre para trabalhar, transferi-me para um curso noturno no Instituto de Ensino Secundário, na Rua do Ouvidor, onde completei o ginásio, recebendo um bombástico e inútil diploma de bacharel.

O Vera Cruz era um educandário pretensamente moderno, que buscava ser eficiente, em que pesem as ideias pró-fascistas de um de seus donos, filiado à Ação Integralista Brasileira, liderada por Plínio Salgado, xerox nativa de Hitler. Na própria escola havia uma facção da juventude dessa mesma agremiação, que desfilava de camisas verdes nas paradas colegiais que antecediam as comemorações do Sete de Setembro, lançando seus "anauês", de braço estendido, na saudação fascista. Logo que ingressei no colégio recebi pressões para aderir aos "galinhas verdes", uma maneira de ficar bem-visto pela direção da escola, segundo me explicaram. Consultei meu irmão, ele quase me agrediu: "Nunca! São fascistas!" Eu ainda não sabia o que era fascismo. Viria a saber alguns anos mais tarde, quando estourou a Segunda Grande Guerra.

Estávamos em meados de 1935, e as rádios ainda repetiam o grande sucesso do carnaval daquele ano, a marchinha, de André Filho, *Cidade maravilhosa*, que servira de fundo à minha inesquecível entrada na Baía da Guanabara, executada pela orquestra de bordo. Em novembro, eclodiu a insurreição comunista. Agildo Barata, com quem mais tarde viria a me encontrar no Partido Comunista, comandou o levante do 3º Regimento de Infantaria, na Praia Vermelha, esmagado com mão de ferro por Getúlio Vargas, que disso se valeria para desfechar o golpe autoritário de 1937. Embora não tivesse qualquer envolvimento, Guilherme ficou agitado. Entendi que era simpático aos revoltosos quando vi que havia recortado de uma revista uma foto de Luiz Carlos Prestes, o Cavaleiro da Esperança, que minha mãe se apressou em destruir. O Serviço Secreto do Exército investigava com rigor a ideologia dos oficiais. Nada aconteceu com meu irmão, mas o episódio serviu para indicar-me de que lado eu deveria ficar, embora não soubesse ainda por quê. No Ginásio, busquei distância dos integralistas, que começaram a me hostilizar. Acabei revidando a uma provocação, entrei em luta corporal com um deles, rolamos no pátio da escola trocando socos e pontapés, indo os dois parar na sala do diretor. Fomos suspensos por três dias, ele por ter-me provocado, eu por tê-lo chamado de "galinha verde", ofensa que o diretor, evidentemente, tomara para si.

Minha mãe adorava óperas. Essa sua preferência musical era difícil de ser satisfeita na Bahia, cujo movimento teatral, na época, era quase inexistente, principalmente nesse setor, mas no Rio, na década de 1930, o Teatro Municipal era generoso em sua programação e podia-se comprar assinatura para toda a temporada. E foi assim, acompanhando minha mãe a todas as récitas, que tive o meu primeiro contato com a ribalta e me tornei também aficionado do teatro lírico. Nunca havia assistido a um espetáculo de qualquer natureza, exceto as pantomimas circenses, quando, na torrinha do Municipal, me emocionei até as lágrimas escutando o rotundo Beniamino Gigli cantar *La Traviata*, de Verdi, e *La Bohème*, de Puccini. O fato de seu *physique du rôle* em nada se ajustar às sedutoras personagens que interpretava fez-me sentir pela primeira vez a magia do teatro. Se me perguntassem, na época, o que eu desejaria ser ao crescer, eu diria "cantor de ópera". E durante algum tempo acalentei esse sonho, esgoelando-me no banheiro.

A mudança da pensão da Marieta para a Rua Barão do Flamengo levou-me para um Rio mais festivo, mais descontraído e de natureza mais generosa do que a da insípida Rua do Matoso. A Barão do Flamengo, desembocando na praia, trazia-me para a Baía da Guanabara e o Pão de Açúcar, minha sensação era de que, agora sim, havia chegado ao Rio. Na mesma rua, três ou quatro casas adiante, havia um rendez--vous de luxo, onde, dizia-se, um filho de Getúlio Vargas morrera em cima de uma puta, vítima de um enfarte fulminante, por fornicar logo depois do almoço (daí em diante, toda vez que cometo essa deliciosa imprudência — que continuo cometendo — sempre me lembro do filho de Getúlio). O Flamengo era não só o berço do clube mais querido do Brasil, como também o bairro dos estudantes, repleto de repúblicas que amontoavam dois, três em cada quarto, todos se reunindo no Lamas para o jogo de sinuca ou o chope do fim de tarde. À noite, era o footing na praia, os rapazes perfilados na calçada, as garotas desfilando, faceiras, ouvindo piadas, umas sorrindo, outras torcendo o nariz; fazia parte do jogo. Para mim, o Flamengo era uma festa. Lembro-me de Bibi Ferreira, adolescente, passando por mim de nariz em pé, de braço com uma amiga.

— Namora ela, cara — segredou-me Argeu, um estudante de medicina, meu vizinho de quarto na pensão. — É filha do Procópio, você que tem essa mania de escrever peças...

Eu estava já com 15 anos e acabava de escrever minha primeira peça, *A comédia dos moralistas,* levado por um impulso inexplicável. Além das óperas, nada mais conhecia de teatro, nunca havia assistido a uma comédia ou um drama. Havia lido uma única peça, *Noite dos Reis* ou *Twelfth Night,* de Shakespeare, numa péssima tradução portuguesa. Mas *Twelfth Night* nada tinha a ver com essa minha primeira experiência teatral (ambientada no carnaval e com a pretensão de criticar o moralismo burguês por intermédio de uma família ultraconservadora que desbundava por trás das máscaras) nem me impressionou tanto assim. A influência de meu irmão poderia ter-me levado para o romance ou para a poesia, nunca para o teatro. Puxo pela memória, procuro esprimê-la como um limão seco — isso é tão angustiante quanto buscar um texto arquivado no computador e verificar que foi comido pela máquina diabólica — nada, nenhuma informação sobre o momento ou as circunstâncias em que me lancei a esse incipiente trabalho. Talvez por sua desimportância, a memória resolveu apagar tudo. Nada a objetar. *A comédia dos moralistas* viria a ser premiada no ano seguinte, num concurso patrocinado pelo Serviço Nacional do Teatro e pela União Nacional dos Estudantes. O prêmio de 500 mil-réis veio em boa hora; meu irmão havia se casado e mudado para o bairro de Benfica. Continuava pagando meus estudos, mas eu sabia que o fazia com sacrifício. Nós, eu e minha mãe, já estávamos então morando em Copacabana; a pensão da Marieta fora transferida para a Rua Goulart, no Posto 2, e passava a ostentar o pomposo nome de Pensão Buenos Aires. Marieta tinha agora uma sócia, Olinda, uma quarentona baixotinha, estreita de busto, mas bem servida de ancas, como um cantil, que costumava contemplar alguns hóspedes com serviços especiais em sua cama.

Marieta enviuvara cedo. Carente de atrativos físicos e consciente disso, embora dona de um humor debochado que a fazia simpática e agressiva ao mesmo tempo, riscara de sua mente qualquer esperança de um novo casamento. Vivia para sua pensão e para uma filha adotiva, Neuza, que era também seu braço direito. Nem bonita nem feia, mas alta e espigada, Neuza entrou um dia no meu quarto e deitou-se a meu lado, sem maldade. Ficamos conversando com naturalidade, os dois olhando para o teto. Senti o calor de seu corpo e, vencendo aos poucos a timidez, rocei de leve sua coxa. Ela não reagiu, continuou falando, como se nada estivesse acontecendo. Tornei mais efetiva a aproximação e meu corpo todo estremeceu com a ereção que se seguiu. Neuza olhou-me assustada, saltou da cama e saiu correndo. Era virgem e queria guardar a virgindade para seu noivo, um funcionário público quase um palmo mais baixo do que ela, de cabelos glostorados e bigodinho *à la* Clark Gable. Marieta vivia debochando do rapaz: "Deve ter um peru de menino Jesus, como vai dar conta desse mulherão?" Sem parentes próximos, só no mundo, não podia ver com bons olhos esse casamento, que tornaria definitiva a sua solidão. Não possuindo outra fonte de renda, dirigia seu estabelecimento com o autoritarismo de um sargento e a usura de um banqueiro. Seu temperamento inquieto fazia com que estivesse sempre mudando de endereço, num delírio ambulante. Eram agora dois velhos casarões pintados de novo, as paredes de rosa-pálido, as janelas de vermelho-tijolo, como uma mulher excessivamente maquiada que procura esconder as marcas do tempo. De estilo confuso, uma mistura de vários estilos, predominando o colonial português, ajanelado e sem originalidade, os dois prédios com varandas laterais davam para um pátio central, como nas mansões espanholas. Localizado na quadra da praia, à noite, ouvia-se o marulhante arfar das ondas, que me ajudava a dormir — e sonhar.

Ina Blandi morava com os pais e mais duas irmãs no bloco principal da pensão. Não era bonita de rosto, apenas expressiva; os olhos verde-acinzentados, a boca rasgada e os lábios grossos demais; dava-me vontade de mordê-los. Quando a vi de maiô, na praia, lembrei-me de uma gravura que acabara de admirar num álbum do Museu do Louvre, uma escultura, *A banhista*, de Falconet; era perfeita. Não foi a minha primeira namorada, mas foi o meu primeiro namoro sério, duraria dois anos, tempo que levou também para que me permitisse o primeiro beijo na boca. Antes dela, ainda no Flamengo, minha memória consegue registrar dois ou três namoricos de adolescente. Silvia era graciosa, mignon, tinha o narizinho arrebitado e vaga semelhança com uma atriz de cinema, Ida Lupino. Passeávamos todas as noites no calçadão da praia, na companhia vigilante da irmã, e o máximo que ela me consentia era pegar na mão, de vez em quando, ou um roçar de coxas que não parecesse proposital, no balanço do corpo. Tinha 14 anos e o rosto cheio de espinhas, como eu. Voltei a encontrá-la uns 20 anos mais tarde, esbarramos um no outro na Avenida Rio Branco, reconhecemo-nos, e ela me olhou, espantada:

— Alfredo, você não tem mais espinhas!

Doracy, uma loura sarará, era um pouco mais generosa, íamos à matinê do Cine Politeama, apelidado de Polipulgas, e ela me permitia passar uma das mãos em volta de seu pescoço e escorregar a outra, distraidamente, por seu joelho, desde que não ultrapassasse uma linha de fronteira colocada pouco além do início das coxas. Certa vez, tomei coragem e resolvi invadir o território inimigo; ela soltou um grito que chamou a atenção do lanterninha e me deixou exposto ao foco de luz tentando esconder a ereção. Tempos difíceis aqueles. Com 15 anos, o sexo explodindo, eu passava pelo rendez-vous da minha rua, olhava para suas janelas misteriosamente fechadas e imaginava o que se passava lá dentro, sentindo uma dor aguda nas virilhas. Um dia teria dinheiro para entrar naquela casa e até escolher a mulher que desejasse, prometia a mim mesmo. Por enquanto, só o Mangue, onde as prostitutas cobravam cinco mil-réis, ou no máximo a Rua Conde Lage, onde o michê era de vinte. E foi lá que perdi minha virgindade. Economizei durante um mês, privando-me de lanches e cinema, peguei um bonde no Largo do Machado e saltei na Glória. A rua Conde Lage era uma zona de meretrício um pouco menos deprimente do que o Mangue. Dividindo as meretrizes por classes, o Mangue era a classe baixa, a Conde Lage era a média, e o rendez-vous da Barão do Flamengo e outros, a classe alta. Em todas elas, entretanto, corria-se o mesmo risco de contrair doenças venéreas (nessa noite peguei a minha primeira gonorreia). A rua alternava casas de um só pavimento com misteriosos sobrados. Misteriosos para mim, para quem tudo ali era mistério e me fazia tremer. O medo de ter uma ejaculação precoce, suprema humilhação, fez com que me masturbasse exaustivamente antes de ir. Caminhei de um extremo ao outro da rua durante meia hora, sem me decidir. Um companheiro de pensão, segundo-anista de medicina, Lúcio Frota, me havia indicado um sobrado que costumava frequentar (Lúcio havia pesquisado a árvore genealógica de sua família e chegado ao topo; descendia de uma tal Maria da Frota, uma das prostitutas que haviam chegado ao Brasil na primeira frota após a descoberta, daí seu nome. Caiu numa crise de identidade). Chegava-se ao segundo andar do tal sobrado por uma sinuosa escada externa (o primeiro era residência da cafetina) onde os fregueses faziam fila para uma certa Rosinalda, cearense de cabelos oxigenados e formas exuberantes. Um garçom de maneiras efeminadas aconselhou-me a sentar-me a uma mesa do pequeno bar e tomar uma cerveja, ia demorar. Meu dinheiro estava contado, agradeci e permaneci de pé, na varanda, onde estava a freguesia da meretriz. Não eram tantos, apenas um marinheiro americano, cujo colega já estava sendo atendido. Tentou comunicar-se comigo, mas não falava português e eu não estava disposto a arriscar o meu inglês de ginásio, nem entabular um diálogo constrangedor.

Após alguns procedimentos primários de higiene, Rosinalda me perguntou se era a primeira vez. Tive vergonha de confirmar.

— Que o quê — respondi, sorrindo com a superioridade de um Don Juan Tenório.

Uns vinte minutos depois, quando eu, banhado em suor, ainda não tinha conseguido chegar ao orgasmo, Rosinalda perdeu a paciência e me empurrou para o lado.

— Agora chega, garoto. Pensa que vai ficar aí a noite toda, é?
— Mas eu ainda não gozei...
— Você não é viado, não?

Cheguei em casa frustrado. Mas a frustração logo desapareceu quando contei a Lúcio Frota que Rosinalda me pedira pelo amor de Deus para parar.

— Também já era a quarta...

Eu precisava trabalhar para sair das costas de meu irmão, essa dependência me incomodava. Havia terminado o ginásio, há um ano procurava um emprego e desembestara a escrever peças e contos, compulsivamente, obedecendo mais a uma necessidade interior do que a um propósito prático, objetivo. Começava a sentir, de maneira cada vez mais acentuada, que tinha um caminho a percorrer nesse sentido e me afligia um pressentimento macabro de que teria vida curta (o mesmo pressentimento de meu pai). Achava, romanticamente, que talvez morresse aos 24, tuberculoso como o poeta Castro Alves. Tinha só 16 anos e me imaginava empenhado numa corrida contra o tempo.

Dividia agora um quarto com um amazonense, Álvaro Maia, empregado de um laboratório farmacêutico, que não via nenhum sentido no fato de eu passar as noites escrevendo peças que nunca seriam encenadas. Maia era um tipo atarracado e bem-falante, orelhas de abano e bigodinho de lacraia, que só tinha dois objetivos na vida: ganhar dinheiro e gastá-lo com mulheres. Com o primeiro, ele suava das oito da manhã às seis da tarde, entregando amostras em consultórios. Com o segundo, passava as noites até as duas da madrugada. Quando chegava, às vezes me encontrava escrevendo e contava com detalhes a aventura daquela noite, lançando uma dúvida no meu espírito: qual de nós dois era um idiota?

Tomei uma decisão da qual iria arrepender-me mais tarde: resolvi prestar exame para a Escola Militar. Não que tivesse qualquer propensão para a carreira — era o caminho mais rápido para livrar-me da dependência de meu irmão. Na Escola Militar teria casa e comida, até um pequeno soldo, uma carreira segura, na qual, para chegar a general, bastaria não morrer cedo. Engavetei meus projetos artísticos e lancei-me aos estudos de matemática, matéria básica nos exames e meu ponto fraco. Impus a mim mesmo um regime de estudos draconiano, 10 a 12 horas por dia, marcadas no relógio. Consegui excelentes notas em todas as matérias, exceto álgebra, em que fui reprovado, justamente a que eu mais sabia. Na véspera do exame, havia sido procurado por um rapaz moreno, de cabelos encaracolados e sorriso permanente.

— Meu nome é Sindímio — apresentou-se —, sou seu primo.

Primo em segundo ou terceiro grau, vinha do Pará para prestar exames na Escola Militar.

— De álgebra eu não sei nada. Soube que você é crânio na matéria.

— Mas a prova é amanhã, cara, de que adianta?

— Queria que você me ensinasse um ponto. Só um ponto, vou arriscar...

Era mais de meia-noite quando o primo saiu. Continuei estudando — tenso, não conseguia dormir — até o dia amanhecer; só consegui cochilar alguns minutos no trem que me levou a Realengo. Por causa disso, na hora da prova, fui acometido de *surmenage*, conforme o diagnóstico médico. Algo como se um tornado me varresse os miolos, destruindo neurônios, arrasando com toda a minha capacidade de raciocinar. Fui retirado da sala após a prova, inteiramente transtornado, quase em estado de choque; chegando a casa, dormi 24 horas seguidas. Minha nota na prova foi um magro 2. Sindímio, o primo, tirou 9 — caíra justamente o ponto que eu lhe ensinara. Não me agradeceu, nunca mais o vi; sortudo como era, deve ter chegado a general.

Aconselharam-me a escrever ao ministro da Guerra, solicitando, em razão das altas notas que havia obtido nas outras matérias, que me fosse permitido ingressar no último ano da Escola Preparatória de Cadetes de Porto Alegre, de onde eu viria, no ano seguinte, direto para a Escola Militar. O ministro, na época o general Eurico Gaspar Dutra, atendeu ao meu pedido. Fiquei feliz porque isso resolvia meu problema;

na EPC teria casa, comida, mais um soldo de 60 mil-réis. Era uma vitória, achava eu. Na noite anterior à partida, despedi-me de Ina, levei-a para os fundos do pátio, onde a iluminação não chegava, nos abraçamos, emocionados, sentindo as vibrações de nossos sexos e, pela primeira vez, roubei-lhe um beijo. Um roubo consentido e planejado. Imagino que deva ter ido dormir com a sensação de ter sido deflorada.

4

A Escola Preparatória de Cadetes tinha a arquitetura clássica dos quartéis, um maciço edifício branco-acinzentado, composto de quatro blocos que formavam um quadrado em torno de um enorme pátio de terra batida. À primeira vista, pareceu-me aterrador. Pior impressão teria no dia seguinte. Havia chovido e o pátio estava enlameado. Fomos chamados para o nosso primeiro exercício de ordem-unida, todos à paisana, pois os uniformes ainda não tinham sido confeccionados; eu vestia um terno cinza, de casimira, que havia pertencido a meu irmão. Era minha roupa de festa. Indiferente a isso, o tenente "Metralhadora", apelido cuja origem não cheguei a descobrir, mas que lhe caía muito bem, comandou o exercício, exigindo sadicamente que ignorássemos o lamaçal e obedecêssemos à risca a sua voz de comando. Durante uma hora chafurdamos no charco. Em dado momento, tentei desviar-me de uma poça e senti o peso de sua bota na minha canela, empurrando-me na lama.

— Almofadinha de Copacabana...

No dia seguinte, tentei resistir à ordem de cortar o cabelo *à príncipe Danilo*, raspado dos lados com um discreto tufo ao alto, e fui levado à força por um sargento à cadeira do barbeiro. Submeti-me à tosa sob veemente protesto. Fiquei preso um dia por insubordinação. Uma semana mais tarde, encarregado da ronda noturna do alojamento, fui pilhado dormindo e novamente punido. Essas "alterações" se sucederam, com as devidas punições, durante o primeiro mês, culminando com um castigo maior por ter fugido à noite, com mais alguns colegas, para ir a um bordel na Rua da Praia. Estava há apenas dois meses na Escola e fui levado à presença do comandante, o coronel Setembrino, que me disse, paternalmente:

— Meu filho, eu aqui tenho visto muitos jovens equivocados, sem um mínimo de vocação para a carreira militar, mas, como você, nunca. Quer um conselho? Antes que eu seja obrigado a expulsá-lo, peça desligamento, vá embora.

Eu não desejava outra coisa, convicto de que cometera um grande erro. Buscara a liberdade e entrara num regime de servidão. Aceitei imediatamente a sugestão do coronel. Havia um único problema: como voltar ao Rio, se não tinha um tostão? O próprio coronel arranjou-me uma passagem de terceira classe num navio do Loyd Brasileiro que zarparia daí a uma semana. Uma semana de fome, porque, sem dinheiro, o máximo que eu conseguia era comprar meio quilo de uvas todos os dias, meu alimento diário durante sete dias. Eu poderia fazer as refeições na Escola, mas tomara tal ojeriza à vida militar e sentia-me tão constrangido diante dos colegas, que só voltava lá para dormir, saindo de manhã cedo para ficar perambulando pelas ruas de Porto Alegre. Ainda no primeiro dia, procurei uns parentes de minha mãe, um ramo da família radicado no Rio Grande do Sul, para filar a boia. Um primo em segundo grau, duas lindas primas em terceiro, uma família de classe média bem constituída. Tive que expor a minha situação e senti que eles me julgavam um irresponsável. Nunca mais pisei lá, preferi passar fome.

Quinze dias depois, estava de novo em Copacabana, na Pensão Buenos Aires, tendo que encarar minha mãe, meu irmão. Trazia na bagagem um enorme sentimento de culpa, uma certa vergonha pelo meu fracasso. Mas estava feliz, certo de que tomara uma decisão da qual não me arrependeria jamais.

Em 1939 estourava a Segunda Guerra Mundial. O nazifascismo mostrava sua face dominadora e se lançava à conquista da Europa sob o olhar ainda complacente das grandes potências democráticas. Os ventos totalitários já sopravam no Brasil desde 1937, quando Getúlio, num golpe de Estado bem articulado, dissolveu o Congresso, fundou o Estado Novo e tornou-se ditador. Sua simpatia pela aliança que se formou entre Roma e Berlim, entre Hitler e Mussolini, à qual viria juntar-se mais tarde o Imperador Hiroíto, do Japão, era indisfarçável. Copiando os métodos de Goebels, o DIP, Departamento de Imprensa e Propaganda, controlava a imprensa e o rádio, censurava o teatro e o cinema, lançava por todo o país uma maciça campanha de cartazes anticomunistas e forjava uma imagem simpática do ditador que o povo, pouco esclarecido, engolia com facilidade, alheio às atrocidades praticadas pela polícia de Felinto Müller. O mundo estava no prólogo de uma grande tragédia, e eu, preocupado apenas em buscar meu próprio caminho, não tinha a menor noção disso.

Meus conhecimentos de matemática e minha nova paixão pela física (desencadeada por uma biografia de Thomas Edison) levaram-me a pleitear uma bolsa de estudos no Colégio Universitário e a me matricular no curso complementar de Engenharia. Laborava em novo equívoco, como logo percebi. No meio do ano, já me desinteressava da engenharia e assistia às aulas do curso de direito, para o qual me transferi no ano seguinte, já então no Colégio Pedro II, pois o Colégio Universitário havia sido extinto pelo ministro da Educação, Gustavo Capanema, fato que provocou uma revolta estudantil, a primeira de que participei e que me deu a oportunidade não só de liberar minha rebeldia congênita, como também de ver de perto o ditador. Liderando uma comissão de estudantes, fui ao Palácio Rio Negro, em Petrópolis, onde Getúlio despachava durante o verão. Não o encontramos no Palácio e fomos informados de que costumava fazer a digestão passeando pelas redondezas. Fomos encontrá-lo, baixotinho, barrigudinho, mãos cruzadas nas costas, caminhando tranquilamente, escoltado por um capitão do Exército que, ante nossa aproximação algo atabalhoada, levou a mão ao revólver. Getúlio impediu que sacasse a arma e acenou para nós, sorrindo. Aproximamo-nos, gaguejei algumas palavras, misturei tratamentos, "excelência", "senhor", "você", dominado pelo nervosismo, e entreguei um abaixo-assinado. Sempre sorrindo — o sorriso é uma arma devastadora quando a serviço dos ditadores —, ele me estendeu a mão e também a todos os colegas e disse que fôssemos tranquilos, tomaria providências imediatas. Não tomou nenhuma.

Mais do que nunca eu me conscientizava de que meu caminho era mesmo o teatro. Escrevi uma nova peça, *Esperidião — o professor de assobio,* que o Grêmio Universitário tentou encenar e não passou dos primeiros ensaios. Não me lembro do que se tratava e os seus originais se perderam, providencialmente. A febre de escrever voltava a atacar-me. Sentia a cabeça explodir de ideias a que precisava dar forma e expelir. Novamente o pressentimento macabro de que a morte me alcançaria na faixa dos 20 anos (qualquer analista barato veria nisso um trauma causado pelo falecimento prematuro de meu pai); isso me angustiava e levava a escrever duas, três peças ao mesmo tempo e iniciar um romance *Duas sombras apenas,* no qual contava a vida na pensão em que morava e que viria a ser publicado três anos mais tarde, em São Paulo. Uma crônica romanceada que deveria ter profunda influência de um filme a que assisti na época, *Cidadão Kane,* de Orson Welles. A película impressionou-me tanto na época que permaneci no cinema das duas da tarde até as oito da noite, com a sensação — que mantenho até hoje — de ter assistido ao maior filme de todos os tempos. A temática nada tinha a ver com o romance que começava a esboçar, mas a ideia que me dominou a partir daquele momento foi a de buscar um estilo que fosse a transposição literária da técnica inovadora de Welles. Hoje, leio o livro e acho totalmente descabida minha pretensão.

Mas era preciso ganhar algum dinheiro, porque continuava a viver da mesada de meu irmão. Atendendo a um anúncio de jornal, candidatei-me a redator de um programa de rádio e fui aceito. O produtor, um sujeito de tez amarelo-esverdeada, aspecto doentio, rosto encovado e pálpebras caídas, havia alugado uma hora na Rádio Vera Cruz e, dentro de um programa de variedades, eu deveria ocupar uns 15 minutos com um texto de radioteatro. Comecei a escrever uma série de episódios intitulada "As grandes batalhas da história". O primeiro era sobre a batalha de Itororó, o único que foi ao ar, porque o tal produtor era um vigarista, pegou o dinheiro dos anunciantes e se mandou sem pagar a ninguém. Meu único lucro nessa primeira incursão no rádio foi que aí conheci Huguete, uma morena de tipo aciganado, enxuta de carnes, cabelos muito negros com uma mecha branca que lhe dava um ar de bruxa. Devia já beirar os 40 anos, eu completara 18. Enquanto estava no estúdio, dirigindo o programa, eu a vi olhando-me da cabine da técnica. Não sabia quem era nem por que estava ali. Quando saí, ela me agarrou no corredor e me deu um beijo no rosto, jogando os cabelos sobre meus olhos. Fiquei cego por alguns segundos.

— Menino, você tem muito talento.

E puxou-me pelo braço; num minuto estávamos na rua.

— Que é que você vai fazer agora?

— Nada...

Na verdade eu teria que voltar, procurar o produtor, saber se tinha ficado satisfeito com o meu trabalho, mas aquela mulher me deixava atordoado. Chamou um táxi, hesitei em entrar, tinha apenas alguns níqueis no bolso, mas como resistir? Huguete cheirava a fumo e a sexo. Eu me sentia como que arrastado por um furacão e só tive coragem de opor alguma resistência quando o carro parou em frente ao hotel Leblon, um dos poucos "hotéis suspeitos" do Rio na época — uma das grandes invenções do século, o motel, ainda não havia chegado até nós.

— Eu... eu estou duro... — gaguejei, morrendo de vergonha.

— Não se preocupe.

Já no quarto, pediu uma garrafa de champanhe. Foi a primeira vez que bebi champanhe. Foi também a primeira vez que me senti inferiorizado diante de uma mulher. Ferido nos meus brios de macho, tentei inverter a situação, tomar a iniciativa. Mas a minha inexperiência tornava quase ridícula a minha pretensão. Huguete era catedrática numa matéria em que eu não passava de um esforçado aprendiz. Abri a guarda, deixei que ela demonstrasse a sua competência.

— Acabei de ler o *Kama Sutra*, conhece? — perguntei num dado momento, querendo demonstrar minha superioridade teórica, já que na prática estava levando uma surra. Ela deu uma sonora risada e eu percebi a minha infantilidade.

Durante três ou quatro noites quase seguidas foi-me buscar de táxi na pensão e levou-me ao hotel, trazendo-me de volta já dia claro. Numa dessas vezes, Ina viu e me perguntou quem era aquela mulher que toda a pensão comentava.

— É a produtora do meu programa de rádio.

Ela não aceitou a explicação, rompeu o namoro. Na última vez em que estivemos juntos, Huguete disse-me que iria viajar, teríamos que parar de nos ver por algum tempo. Nunca mais me procurou. Como não sabia onde morava — na verdade, eu não sabia nada a seu respeito, nem mesmo se era esse seu nome verdadeiro —, nunca mais a vi. Não sei se os fatos aconteceram exatamente desse modo, como minha memória registrou, já que mais de uma vez a surpreendi querendo torcer as coisas, romancear, selecionando alguns episódios e apagando outros, atuando como uma espécie de censura. Não confio nela, mas que posso fazer?

5

O ano de 1942 foi decisivo. Eu tinha agora um novo companheiro de quarto, João Metran, estudante de veterinária, filho de sírios; o pai, rico fazendeiro em Goiás, sustentava-o com invejável mesada (10 vezes maior do que a minha) que João esbanjava nos cassinos, inventando mil despesas escolares para justificar um reforço antes do fim do mês. Às vezes não tinha mais o que inventar e apelava para minha imaginação. Boêmio, mulherengo, vaidoso do próprio físico e pouco apegado aos estudos, dávamo-nos muito bem, facilitando um ao outro os encontros amorosos no próprio quarto, já que ele tinha um caso com uma fogosa gaúcha, desquitada, moradora do andar de cima, e eu, às vezes, o sexo explodindo por todos os poros, era obrigado a apelar para a arrumadeira da pensão, a generosa Adélia, que estendia sua generosidade também a outros quartos, outros rapazes. Acabou casando-se com um deles, para espanto geral, filho de um rico usineiro pernambucano (quando escrevi *Roque Santeiro*, lembrei-me de Adélia; a viúva Porcina tem muito a ver com ela). João Metran, cinco anos depois, de volta a Goiás, já formado em veterinária, foi assassinado pela própria mulher, que acabara de desposar, num acesso de ciúmes.

Na Europa, como um novo Átila, Hitler ia avançando com seus exércitos, implacavelmente, esmagando a débil resistência de países como a Polônia, a Tchecoslováquia, a Dinamarca, a Noruega e os Países Baixos, invadindo a Bélgica e a França, começando a bombardear Londres e por fim cometendo a suprema tolice de voltar seus canhões contra a União Soviética. Mas, naquele momento, ninguém poderia prever como a guerra iria terminar e até onde se estenderia. Navios brasileiros já começavam a ser torpedeados pelos nazistas nas águas do Atlântico e o governo, ideologicamente simpático ao nazifascismo, embora pressionado pelos Estados Unidos, que já haviam entrado na guerra após o bombardeio de Pearl Harbor, insistia em manter uma política de isenção, Getúlio dançando na corda bamba da neutralidade. Um movimento popular pró-aliados, liderado por Osvaldo Aranha, ganhava as ruas. A União Nacional dos Estudantes promovia passeatas e comícios. Rebelde sem causa, engajei-me no movimento. Uma concentração nas escadarias do Teatro Municipal foi dissolvida pela polícia com bombas de gás lacrimogênio; uma delas estourou a um palmo do meu rosto quando rolava escadaria abaixo, empurrado pela multidão em pânico; a impressão era a de que havia explodido dentro de minha cabeça e pulverizado meus miolos. Cheguei a casa ainda atordoado, os olhos como dois coágulos sangrentos. Passei a noite debruçado na pia, banhando os olhos, João Metran às gargalhadas.

— Tá querendo ser revolucionário... Deixa disso, rapaz, trata da tua vida.

Eu tratava da minha vida, escrevia uma peça atrás da outra, sonhava com o teatro, uma paixão quase carnal, mas em que mundo iria viver esse sonho? Embora distante da guerra, o Rio era agora uma cidade triste. Por precaução, o governo ordenara os *blackouts*, as luzes apagavam-se durante a noite, temia-se um ataque aéreo ou mesmo um bombardeio naval. O racionamento da gasolina tirava os carros da rua, surgia o gasogênio, um combustível fedorento que danificava os motores. Tudo isso era nada diante da carnificina europeia, mas nos deixava abatidos, tornava absurdos a alegria de viver e o humor do carioca.

Ludovico, a peça que acabara de escrever, era uma comédia despretensiosa, tendo por tema o casamento de um septuagenário com uma menina de 18 anos. Toda a programação teatral, naquele instante, era de peças leves ou mesmo de chanchadas. A plateia queria rir, esquecer a guerra. Achei que era um texto apropriado para o momento. Minha prima Sara era casada com o poeta Augusto Meyer, membro da Academia Brasileira de Letras. Foi por intermédio deles que cheguei a Henrique Pongetti, autor teatral muito em moda por suas comédias sofisticadas. Pongetti gostou de minha peça, mandou-a para Jayme Costa, ator-empresário que rivalizava com Procópio Ferreira em popularidade. Jayme, um comediante nato, intuitivo, embora sem nenhuma técnica, era mesmo bastante inculto (suponho que não tivesse nem mesmo o curso primário), mas dono de grande talento histriônico. Gostava também de privilegiar autores brasileiros. Dispôs-se a encenar meu texto, contanto que eu desenvolvesse mais o principal papel feminino, que seria da estrela da companhia, Ítala Ferreira. Era a minha primeira oportunidade e eu estaria disposto até a reelaborar toda a peça. *Ludovico* nunca seria encenada, mas abria-me as portas do teatro. Motivado pela guerra, eu estava escrevendo um texto antinazista, *Amanhã será outro dia*, o drama de um político francês que emigrava com toda a família para o Brasil, após a queda de Paris, recusando-se a colaborar com o governo de Vichy, e era seguido até aqui pela Gestapo. Levei-o também para que Jayme o lesse. Dessa vez, sua reação foi negativa. Jayme era um getulista fanático.

— Não sou louco de encenar isso — disse, engrolando as palavras e mastigando o charuto. — E se o Brasil entrar na guerra a favor dos alemães? Me quebram o teatro.

Amanhã será outro dia seria encenada no ano seguinte pela Comédia Brasileira, a companhia oficial, depois de o Brasil ter declarado guerra ao eixo, evidentemente. Embora recusando o texto, Jayme parece ter-se convencido de que eu era um autor que merecia respeito. Chamou-me ao seu camarim no Teatro Rival e confidenciou-me:

— Sabe que eu tenho uma ideia na cabeça. Encenar uma peça que possa ser apresentada com o subtítulo "réplica a *Deus lhe pague*". Acho que você, menino, tem talento e coragem para escrever essa peça.

A obra de Joracy Camargo era, talvez, o maior sucesso do teatro brasileiro de todos os tempos, até então. Procópio a encenava em todas as temporadas, desde a sua estreia nos anos 1930. Jayme, um homem ingênuo, achava que o conceito de ator inteligente e culto de que Procópio desfrutava, principalmente entre as camadas intelectualizadas, era devido ao texto de Joracy, onde tinha oportunidade de dizer frases de efeito, pseudofilosóficas, num diálogo considerado brilhante. Também Joracy era tido como um grande autor e eu mesmo, sem ainda ter feito uma análise menos superficial de sua obra, o considerava assim. A ideia de me lançar numa réplica a um texto até então tido pela crítica como primoroso, ao mesmo tempo que me empolgava, pela audácia, me assustava. Eu era um autor inédito e Joracy, um dramaturgo consagrado. Voltei para casa com a cabeça borbulhando de ideias. Nessa mesma noite, comecei a escrever *Pé-de-cabra*. Em um mês a peça estava pronta. Não saiu uma réplica, mas uma espécie de sátira ao estilo de Joracy. Jayme ficou preocupado com o sentido da peça, que lhe pareceu meio subversivo. Achou que talvez não fosse aprovada pelo DIP, o famigerado Departamento de Imprensa e Propaganda getulista que censurava os espetáculos. Sua hesitação fez-me procurar Procópio; não para lhe levar *Pé-de-cabra*, é claro, mas o drama recusado por Jayme, *Amanhã será outro dia*. O interesse que Jayme Costa demonstrara pelo meu teatro dera-me coragem para invadir o camarim do maior ator de sua geração, após um espetáculo no Teatro Serrador, com o texto embaixo do braço.

— Seu Procópio, eu sou um autor teatral e trouxe uma peça para o senhor ler — disse, despejando a frase que havia repetido para mim mesmo dezenas de vezes antes de entrar. Procópio, um homem pequeno e franzino, sem pescoço, que parecia pendurado em seu enorme nariz, olhou-me, espantado com a minha audácia. Embora mais alto do que ele, eu era quase um menino. Pegou o texto, leu o título, folheou as primeiras páginas em silêncio, levantou o rosto para mim.

— Passe aqui amanhã, vou ler esta noite — disse, despachando-me.

Não acreditei. Mas na noite seguinte estava lá. Tinha uns olhos muito vivos, penetrantes. Notei que emitiram estranhos reflexos quando me viu.

— Li sua peça e gostei muito. É uma linda peça, e você é mesmo o que disse, um autor teatral e dos bons. — O coração ameaçando saltar pela boca, eu não conseguia respirar. — Só, meu filho, que seria uma temeridade encenar esse seu drama agora.

E disse-me mais ou menos o que Jayme Costa já havia dito. A posição do país ante a ameaça nazista ainda era confusa, embora ele, pessoalmente, compartilhasse as ideias expostas no meu texto.

— Por outro lado, é um drama. O público neste momento quer rir e não chorar. O teatro é uma quitanda, meu filho, se o comprador quer bananas, não adianta você querer empurrar-lhe uma melancia. Você não tem uma comédia?

Lembrei-me de *Pé-de-cabra,* a peça encomendada por Jayme Costa contra o próprio Procópio. Num segundo imaginei a personagem central interpretada por ele — era o ator ideal.

— Eu tenho, sim, mas está comprometida com *sêo* Jayme Costa — respondi, a voz sumida traía o meu desconforto.

— Apesar disso, mesmo que não vá encená-la, eu gostaria de ler. Fiquei muito interessado no seu teatro.

Nesse tempo, os teatros davam duas apresentações por noite, além das matinês de quinta, sábado e domingo. Até um ano antes, não havia sequer folga semanal. Estávamos no intervalo entre as sessões. Saí correndo, peguei o bonde para Copacabana e no fim da segunda sessão já estava de volta ao Teatro Serrador com os originais de *Pé-de-cabra*. Procópio repetiu o que dissera na véspera:

— Volte amanhã e já terei lido.

Voltei e quase desmaiei quando ele, entre dois pigarros de uma bronquite crônica, acendendo um cigarro, me disse numa voz rouquenha:

— Sua peça tem estreia marcada para daqui a 15 dias. Se você concordar.

— E Jayme Costa?...

— Não acredito que *seô* Jayme Costa tenha nem mesmo entendido a sua peça, quanto mais que possa representá-la.

Sentou-se diante do espelho, arrancou um bigode postiço, começou a retirar a maquiagem, eu mudo, estático, quase em estado de choque.

— Ainda lhe posso garantir a permanência de, no mínimo, um mês em cartaz. E até lhe faço um adiantamento de direitos autorais.

Naquele tempo, com 15 sessões por semana, o normal era as peças serem substituídas semanalmente (graças ao uso do ponto), um mês configurava um meio-sucesso. Saí do teatro eufórico e, ao mesmo tempo, presa de um drama de consciência. Como explicar a Jayme Costa que a peça que ele me encomendara para fazer frente a seu rival, por ironia do destino, seria encenada pelo próprio? Jayme fechou a cara, e eu me senti um traidor. Simulei um drama, era um estudante pobre, estava em dificuldades financeiras, a proposta de Procópio era irrecusável. Mesmo porque ele, Jayme, até aquele momento ainda não se decidira concretamente.

— Está bem, rapaz, não quero atrapalhar sua vida — disse, balançando o corpanzil, ora apoiando-o num, ora noutro pé, poluindo o camarim com seu inseparável charuto. — Mas pense bem, esse papel foi escrito pra mim, com Procópio sua peça pode ser um fracasso.

Não foi. Muito pelo contrário. Na noite da estreia (minha mãe e meu irmão num camarote), o público aplaudiu de pé quando Procópio me chamou ao palco. Houve mesmo um "oh!", quando ele revelou que eu tinha apenas 19 anos. Talvez a minha pouca idade tenha contribuído também para que os críticos não enxergassem (ou será um pleonasmo) os defeitos do meu texto e exagerassem as suas qualidades. Lembro-me de João Metran chegando do cassino, alta madrugada, e me arrancando da cama com um exemplar de *A manhã* embaixo do braço. Em sua crítica, Viriato Corrêa punha a peça nos "cornos da Lua", como se costuma dizer no teatro, e chegava a fazer uma profecia: "Mais dia, menos dia, Dias Gomes será o escritor mais festejado da cena brasileira". Não sei se ele pensava isso mesmo ou se queria apenas fazer um trocadilho infame com o meu nome, mas a crítica deixou-me tão excitado, que me levantei, vesti o calção, corri para a praia e mergulhei no mar. Deixei que as ondas de Copacabana embalassem minha euforia. O sol, galgando ainda a linha do horizonte, encenava, empavonado, seu espetáculo pirotécnico matinal, e nesse dia, achava eu, em minha homenagem.

Para que a aceitação não fosse unânime, Guilherme Figueiredo me arrasou, chamando-me de pretensioso e ridicularizando as "tiradas filosóficas" de meu imaturo texto, sem entender que eu apenas caricaturava um estilo. Não fosse essa a única crítica negativa e talvez eu me deixasse abater — quem sabe até desistiria do teatro — tal a sua violência. Procópio levantou meu moral:

— Não ligue pra isso, esse senhor é um despeitado, tenho várias peças dele na gaveta.

Mas as coisas não foram tão fáceis. Na verdade, *Pé-de-cabra* só estreou uma semana após a data prevista, que era 31 de julho. Nesse dia, à tarde, quando passei pelo Teatro Serrador para olhar pela primeira vez, narcisisticamente, o meu nome no cartaz luminoso, vi um aviso pregado na porta: "Estreia adiada". O DIP tinha proibido a peça. Soube mais tarde que os censores do Estado Novo haviam considerado meu texto "marxista". Juro por Deus que até então não havia lido uma só linha de Marx ou de qualquer discípulo seu. (Veio daí o meu interesse posterior pelo marxismo.) Não foi fácil absorver essa primeira estocada vibrada contra mim pela censura. Muitas outras eu absorveria mais tarde. Senti-me, pela primeira vez, no papel do cidadão indefeso diante do poder castrador do Estado, descobrindo o quanto era importante uma expressão denominada liberdade de pensamento e todo o significado de lutar por ela. Dos dias que se seguiram, minha mente registra apenas um grande vácuo; tão grande deve ter sido a minha decepção, que a memória resolveu apagá-la.

Mediante o corte de umas 10 páginas, Procópio conseguiu liberar o texto alguns dias depois e, temendo que isso tivesse desfigurado a peça e o espetáculo resultasse num fracasso, pediu-me, delicadamente, que abdicasse da garantia de 30 dias de permanência em cartaz que me prometera. Seus temores lembravam-me a profecia de Jayme Costa, "sua peça pode ser um fracasso". Para aumentar minha angústia, um dos atores principais, Restier Jr., sofreu uma vertigem e foi substituído horas antes da estreia, enquanto um curto-circuito queimava todos os refletores da ribalta. Parecia que Jayme Costa lançara sobre nós a sua maldição. Mas a cada novo incidente, o cenógrafo Luciano Trigo, velho homem de teatro, atento a todas as suas superstições, esfregava as mãos e dizia:

— Vai ser um sucesso.

Eu morria de medo e ele repetia, rindo de orelha a orelha.

— Tudo isso, menino, é sinal de sucesso.

Por sua aceitação inicial, parecia que *Pé-de-cabra* ultrapassaria de muito a garantia de um mês em cena que Procópio a princípio me prometera. Procópio era um ator de extraordinário carisma, sabia dizer um texto como ninguém, valorizando intenções, extraindo dele toda a graça possível. Sua interpretação no Batista, o ladrão filósofo, dava à peça uma dimensão que ela não tinha. Seu único defeito era não ensaiar e não aceitar ser dirigido. Um ator o substituía nos ensaios, enquanto ele estudava seu papel em casa e só comparecia ao ensaio-geral para tomar conhecimento das marcas. Na noite de estreia, graças ao ponto, espécie hoje felizmente extinta, representava com a segurança de quem ensaiou dois meses. Mas isso era naqueles tempos, quando a figura do diretor ainda não se havia imposto de maneira ditatorial em nossos palcos. Procópio viveu o suficiente para ter que submeter-se a sua disciplina férrea e autoritária. Ainda que a contragosto.

Pé-de-cabra estava em sua terceira semana quando milhares de pessoas saíram às ruas no Rio de Janeiro, exigindo do governo represálias contra os nazifascistas, que continuavam torpedeando nossos navios, matando centenas de brasileiros. Tocado pelo sentimento popular de revolta e por minha natural inclinação à rebeldia, eu mesmo me vi participando de uma manifestação em frente ao Palácio Guanabara, empunhando um cartaz e entoando slogans. "Vamos à guerra!" "Queremos vingança!"

Dessa vez, voltei para casa ileso. Mas não deixei de refletir sobre o que fizera. Eu odiava a guerra e não me reconhecia naquela explosão belicosa. O que estava acontecendo comigo? Teria a guerra — em si uma estupidez — efeito tão corruptor sobre a mente de pessoas de bem? Ou acabava de me descobrir capaz de me deixar levar por instintos até então insuspeitados? Começaram os saques e as depredações de estabelecimentos pertencentes a alemães e italianos, o clima na cidade não era propício a diversões. Procópio, temeroso, tirou a peça de cartaz, encerrou a temporada e viajou para Buenos Aires. Logo a seguir, o Brasil declarava guerra à Alemanha e à Itália. Procópio voltaria a encenar *Pé-de-cabra* no ano seguinte, em São Paulo, partindo depois em excursão por todo o país com o mesmo sucesso. Mas só veio a saber que a peça era fruto de uma conspiração contra ele uns 40 anos mais tarde, pouco antes de morrer, na noite em que se inaugurou um teatro com seu nome em São Paulo. Convidado a participar da solenidade, sai com ele e Bibi para cear num restaurante e, após alguns copos de bom vinho francês e troca de confidências, contei-lhe tudo. Ele riu muito. Mais ainda quando recordei um momento altamente constrangedor, ele me apresentando ao próprio Joracy Camargo, após um espetáculo e dizendo:

— Este rapaz vai ser o seu continuador.

Joracy — com quem eu viria a ter outras afinidades devido a sua postura como homem de esquerda afinado com as causas populares — passou a mão na minha cabeça, num gesto paternal, abraçou-me, comovido, e eu me senti um grande patife. O equívoco estendeu-se aos críticos (quase sempre equivocados), que não perceberam o tom satírico, a gozação irreverente e me tomaram por um discípulo de Joracy. Na verdade, quando me contratou para escrever com exclusividade, Procópio visava livrar-se dele. Dotado de fascinante poder de convicção ao expor o tema de uma nova peça, segundo diziam, Camargo arrancava quantias vultosas como adiantamento de textos que nem tinha começado a escrever. Procópio, precisando dele, deixava-se achacar. Substituí-lo por um jovem e talentoso autor, que seguia a sua linha e não fazia exigências, era um bom negócio. O equívoco ficou claro quando eu comecei a produzir os textos em cumprimento do contrato. Nada tinham a ver com o teatro camargueano, eu havia elegido minha própria temática, buscava meu próprio estilo (embora tenha passado a vida toda refutando a acusação de ter sido influenciado por Joracy, a verdade é que não o satirizei impunemente; nas duas peças que escrevi a seguir, *João Cambão* e *Zeca Diabo,* alguma influência se faz sentir, da qual só consegui libertar-me em *Dr. Ninguém).* Mas havia também outro problema, eu não escrevia pensando exclusivamente nele, Procópio, como ator, procurava cercar o protagonista de papéis que permitissem aos intérpretes atuações no mesmo nível. Ele não queria isso, julgava que o público ia ao teatro para vê-lo e a mais ninguém.

E talvez até tivesse razão. Um dia, quando nossos desentendimentos prenunciavam um rompimento inevitável, já que eu não estava disposto a ceder, fui ao seu camarim para saber sua opinião sobre a minha última peça, *Eu acuso o céu*, um drama sobre a seca nordestina muito influenciado por O'Neill.

— *Sêo* Dias Gomes, que altura o senhor pensa que eu tenho?

Calculei com um pouco de boa vontade.

— Um metro e sessenta.

— O senhor se engana, eu tenho dois metros de altura. Isso é que o senhor não percebe, eu tenho dois metros de altura.

Propus-lhe adaptar *Gulliver e os anões de Liliput*. Ele não gostou da piada. E, para não perder uma boa piada, quase perdi um bom amigo, pelo qual sempre tive o maior respeito e admiração.

6

O ano de 1942 chegava ao fim e eu estava deprimido. O mundo vivia a maior catástrofe da história, as notícias nos chegavam todos os dias pelos jornais e pelo rádio, como um bombardeio que abria enormes crateras em nossa sensibilidade e em nossa indignação. Embora ainda materialmente afastados da guerra, sabíamos o que ela significava para os destinos da humanidade e nos sentíamos ameaçados. Os americanos já construíam bases militares em nosso território, e Roosevelt pressionava para que mandássemos à Europa uma força expedicionária. Os *blackouts* deixavam Copacabana às escuras, temia-se um ataque a qualquer momento. Os moradores do bairro costumavam ir à noite à praia, não mais para namorar ou refrescar-se à acariciante brisa marinha, mas para verificar se os edifícios de toda a orla estavam cumprindo o "apagão"; qualquer réstia de luz saindo de uma janela podia ser um sinal para os submarinos alemães, denunciar a existência de um quinta-coluna, nome que se dava aos espiões.

Mas a vida continuava, apesar de tudo. As casas de espetáculos voltaram a funcionar e eu, agora me sentindo admitido à família teatral, já conhecido dos porteiros, passava as noites saltando de espetáculo em espetáculo, da Cinelândia à Praça Tiradentes, assistindo a um ato aqui, outro ali, terminando sempre num bar onde se reuniam artistas para beber e cear. Eu me sentia bem no meio deles; era a minha gente; o teatro, a minha casa. Nesse perambular noturno fiz grandes amigos. José Wanderley, por exemplo, mais velho e experiente do que eu, foi quem me iniciou nos misteriosos meandros da noite carioca. Escrevia, em parceria com Mário Lago, comédias e revistas, parceiros estranhíssimos, porque viviam fugindo um do outro.

— Viu o Mário por aí? — perguntava Wanderley, inquieto. — Se encontrar não diga que me viu, ele está me procurando pra escrever.

— Olha, se você encontrar o Wanderley, não diga que me viu, hein — pedia Mário. — Esse cara só pensa em trabalhar.

Um dia ou uma noite, sempre fugindo um do outro, acabavam se encontrando, por acaso. Acusavam-se mutuamente e iam para casa escrever uma peça. Só assim se pode explicar que tenham escrito tantas.

Calvo, a calvície se descuidara de levar-lhe meia dúzia de fios de cabelo no alto da testa, um quase invisível tufo que ele vivia afagando carinhosamente, como se agradecesse a comovente fidelidade, Wanderley era notívago e peripatético. Muitas vezes fomos surpreendidos pelo nascer do sol, andando e papeando pelas ruas do Centro, eu lhe expondo as ideias que me fervilhavam na cabeça, as situações dramáticas que pretendia explorar em minha nascente dramaturgia, ele me aconselhando. Certa vez, confidenciou-me:

— Dias, eu não sei o que há comigo; durante a noite, não consigo dormir. Mas, quando vejo um raiozinho de sol, *sêo* menino, me dá um sono...

Numa dessas noites de boêmia, convidou-me para elaborar com ele uma revista. Eu não apreciava o gênero, tinha mesmo preconceitos contra ele, embora, na época, as produções de Walter Pinto e Carlos Machado levassem multidões à Praça Tiradentes. Comediantes como

Oscarito e Grande Otelo, vedetes como Virgínia Lane e Mara Rúbia atraíam grande público, em que pese o gênero ser considerado "menor". O mesmo preconceito com que são olhados os musicais da Broadway pelos espetáculos considerados "sérios". Era o nosso musical, na época. De estrutura bastante eclética, podendo misturar, numa mesma peça, esquetes cômicos, cenas melodramáticas, números de ilusionismo e árias de ópera, tudo alinhavado com números de dança.

— Essa companhia que está no Carlos Gomes tem cada corista... você já viu?

Sim, eu tinha notado. E Wanderley já havia percebido que eu estava de olho nelas, principalmente numa jovem cantora lírica, América Cabral, cujos dotes físicos superavam e muito os dotes vocais. Tentara já uma aproximação, mas havia um obstáculo quase intransponível, a mãe, que a seguia por toda parte, como um cão pastor-alemão, vigilante na defesa da apregoada virgindade da filha. Wanderley não teve dificuldade em me convencer; depois do terceiro chope, já estávamos trocando ideias sobre a revista. Em poucos dias de trabalho, conseguimos aprontar o primeiro ato. De posse do texto, Wanderley foi ao empresário, um português cujo nome não me ficou registrado na memória, e o convenceu a pô-lo em ensaios imediatamente, enquanto escrevíamos o segundo e último. A companhia ia mal, quanto mais rapidamente substituísse o espetáculo em cena, melhor. Passei a frequentar os ensaios, mais interessado na cantora, que fora brindada com uma ária de *La Bohème*, e fingindo não perceber sua exasperante desafinação. E, sempre que me via, o empresário perguntava:

— E o segundo ato?

Eu passava a reclamação para Wanderley, que respondia:

— Tem tempo.

Três semanas depois, a situação era a mesma. Eu já nem ia aos ensaios, envergonhado. Meu senso de responsabilidade fez-me até propor ao Wanderley terminar a revista sozinho.

— Não, nada disso. Vamos até o teatro ver como estão as coisas.

Quando chegamos, o português nos recebeu com alívio. Mas ao saber que não trazíamos o segundo ato, quando a estreia estava marcada para daí a uma semana, convidou-nos a ir ao seu escritório. Mandou que trouxessem cerveja, sanduíches e, repentinamente, saiu e trancou a porta.

— Se quiserem mais cerveja, mais sanduíches, podem pedir — gritou, de fora. — Mas daí vocês não vão sair enquanto não terminarem o segundo ato.

— Essa é uma atitude ditatorial — reagiu Wanderley, revoltado. — Agora é que eu não escrevo. Debaixo de chicote, eu não trabalho!

Depois de muito tempo tentando convencê-lo de que o empresário, afinal de contas, tinha razão, sentei-me à máquina.

— Pois bem, se você se recusa, eu vou terminar a peça. — E comecei a trabalhar.

Wanderley acabou convencendo-se de que estava errado. Mas já era dia claro quando chegamos à cena final. Com os primeiros raios de sol a entrar pela janela, tirando reflexos em sua calva, Wanderley adormeceu num velho sofá de couro. Quando despertou, já os artistas se reuniam no palco para ensaiar o segundo ato. Chamava-se *Toque de reunir* e minha memória, sabiamente, recusou-se a registrar qualquer imagem, por mínima que fosse, desse espetáculo. Exceto as desafinações de minha namorada-soprano e de meu romance, que também desafinou. Apesar de tudo, o Teatro Carlos Gomes recebeu bom público nas duas primeiras semanas, do que se aproveitou o dono do teatro para requisitar toda a bilheteria a fim de se ressarcir da dívida acumulada pela Companhia, que se dissolveu em seguida.

Dois anos depois, já residindo em São Paulo, soube que América Cabral havia sido eleita Rainha das Atrizes. Vim ao Rio e assisti à sua coroação durante um baile no Teatro João Caetano. Saímos depois, conseguindo burlar a vigilância materna, e verifiquei com espanto que ainda era virgem. Deve ter-me ficado agradecida por tê-la livrado desse estigma.

NUMA FALSA INDIFERENÇA à tragédia mundial ou tentando convencerem a si mesmas de que nada tinham a ver com isso, as pessoas continuavam procurando sugar da vida o prazer que ela lhes podia proporcionar. Eu mesmo buscava me alienar, mergulhando numa nova peça e na embriaguez da vida boêmia. Fui a São Paulo levar a Procópio os originais de *João Cambão*, que eu recém-terminara. *Pé-de-cabra* ainda estava em cartaz com muito sucesso. Pedi um adiantamento de direitos, e ele me fez uma proposta indecente: contrato de um ano, com adiantamento mensal de direitos; a condição era eu escrever com exclusividade para ele. A indecência estava em me obrigar a escrever quatro peças por ano, sendo que, dessas quatro, ele tinha direito de recusar uma, o que poderia levar-me, como levou, a escrever cinco. Eu aceitei. Estava com 20 anos e era inteiramente irresponsável.

Além de *João Cambão*, *Zeca Diabo, Doutor Ninguém, Um pobre gênio* e *Eu acuso o céu* foram escritas no cumprimento desse contrato. Procópio viria a encenar as três primeiras, até o nosso desentendimento, as duas últimas só seriam apresentadas pelo rádio. Mas eu tinha uma retirada de dois mil cruzeiros por mês, o que me permitia assumir as minhas próprias despesas e também sustentar minha mãe. Podia ter agora um quarto só para mim na pensão e até pagar hotel para minhas namoradas. Com Odete, eu não precisava ter essa despesa. Francesa, pequenina, graciosa, um pouco dentuchinha, morava num conjugado em cima da leiteria, na Avenida Princesa Isabel. Vivia com um dinamarquês louro, alto, de olhos azuis — era caixeiro-viajante. Quando viajava, Odete sentia-se só e me chamava para aquecer sua solidão. Pela manhã, descíamos para tomar o café na leiteria. Um dia, inesperadamente, surgiu o dinamarquês. Parou diante de nossa mesa e me preparei para levar uma surra, quem sabe até um tiro. Com toda a tranquilidade, ele tirou do bolso as contas de luz, gás e telefone e colocou-as diante de mim.

— Já que você me tomou a mulher, pague as contas — disse, num sorriso de jacaré. E se foi, deixando-me na dúvida se eu lhe havia roubado a mulher ou prestado um favor.

7

Naquele outono de 1943, com a invasão da Itália pelas tropas aliadas, a guerra começava a mudar de rumo. O Exército Vermelho, após a desesperada resistência de Stalingrado, obrigava Hitler a recuar até suas próprias fronteiras. Soprava um vento de esperança. Aqui, começava o recrutamento para formação da Força Expedicionária Brasileira.

Com o Brasil finalmente engajado na luta contra o nazismo — Getúlio argutamente percebeu qual o sentido da história — já se podia encenar *Amanhã será outro dia*. E isso podia ser feito até mesmo pela companhia oficial, a Comédia Brasileira. O drama, apesar de mal dirigido (não havia propriamente um diretor, mas apenas um ensaiador, que se limitava a ler o texto com os atores e marcar suas posições e deslocamentos em cena) e com elenco apenas razoável, obteve discreto êxito, fazendo uma temporada no Teatro Ginástico e estendendo-a depois ao Teatro Serrador. A encenação, bastante primária, como eram todas as encenações na época, não me deixou satisfeito. Mas era minha terceira peça representada (Procópio havia acabado de encenar *João Cambão* em sua excursão pelo sul do país), e isso significava que eu havia finalmente iniciado uma carreira de dramaturgo. Empolgado, passava dias e noites escrevendo como um desesperado, feliz por estar fazendo o que mais gostava de fazer na vida, quando uma bomba explodiu sobre a minha cabeça.

Nessa época, Guilherme servia na Escola Militar de Realengo como primeiro-tenente médico. Um mal súbito levou-o ao Hospital Central do Exército, onde permaneceu 15 dias e morreu, estupidamente, sem explicações, sem que os médicos militares conseguissem diagnosticar a causa de sua morte. Estava com 30 anos e acabara de escrever um romance nunca publicado. Suspeitas não confirmadas apontavam para certas experiências que estaria fazendo com alguma vacina que havia inoculado em si mesmo. Nunca pude comprovar, mas tentei por todos os modos, aconselhado por médicos civis, transferi-lo para um hospital particular. Inutilmente. O Exército não permitia, e a família de sua mulher se opunha intransigentemente, chegando até a proibir minha entrada no hospital. Só relaxaram essa proibição quando ele já estava agonizante. Pude entrar em seu quarto e vê-lo despedir-se da vida. Já não falava, mas ao ver-me tentou comunicar-se pelo olhar. Olhou para mim, depois para minha mãe, que se desfazia em lágrimas, voltou a mim e pude ler em seus olhos o pedido "Cuide de nossa mãe". Respondi que podia estar certo de que eu nunca a abandonaria. Minhas palavras expulsaram a angústia e cobriram de paz seu rosto, uma paz que já não era deste mundo, como se ele só estivesse esperando isso para partir. Custei a me refazer desse golpe. Senti-me como se de repente houvesse perdido todas as referências. Guilherme era a minha bússola, o meu pé de apoio. Mandei minha mãe para a Bahia, no seio da família seria menos doloroso para ela curtir a sua perda, continuar uma vida que talvez tivesse ficado sem sentido para ela, sem o filho preferido. E foi de lá que ela me escreveu, um mês após, enviando-me um recorte de jornal com a minha convocação. Eu deveria me apresentar ao Ministério da Guerra, fora chamado para integrar a

Força Expedicionária Brasileira, que seguiria para a Itália daí a alguns meses, levando mais carne para os canhões nazistas. Meus românticos pressentimentos de que me estaria reservada uma vida muito curta pareciam confirmar-se. Ia morrer na guerra. Não aos 24 anos, como Castro Alves, mas aos 21, como Álvares de Azevedo. Imaginei o golpe que seria para minha mãe, que acabava de perder um filho. E era tremendamente injusto para comigo mesmo, que tinha uma tarefa a cumprir e apenas a iniciara. Mas de nada adiantava revoltar-me contra um destino inexorável. Reuni os amigos e as namoradas no Bar do Lido, consumi com eles duas ou três dúzias de garrafas de cerveja, numa emocionada despedida; não mais os veria. As namoradas choraram, Odete, Ilka... Os amigos, bêbedos, tentaram esconder a emoção com piadas de mau gosto.

— Dias, você pode voltar sem um braço ou uma perna, mas coberto de medalhas — disse Wanderley.

— Só quero que você faça um testamento deixando a Odete pra mim — reivindicou Metran.

No dia seguinte, curada a ressaca, segui para o Ministério da Guerra. Permiti-me tomar um táxi; afinal, por que economizar se eu ia morrer? No enorme edifício da Praça da República, fui conduzido à presença de um sargento que cuidava das convocações. O sargento olhou-me com ar de superioridade, como se já me visse como recruta, pediu meu certificado de reservista, depois começou a folhear uma enorme lista, a todo momento conferindo meu nome.

— Não *tá*.

— Não *tá* o quê?

— Seu nome. Não *tá* aqui. Você não foi convocado.

Olhei para ele, perplexo.

— Mas não é possível. Meu nome saiu num jornal da Bahia.

— Ô cara, se tivesse sido convocado, *tava* aqui. — O sargento já começava a perder a paciência. — Vai embora.

Mas eu continuava pregado ao solo, estarrecido. Estava preparado psicologicamente para enfrentar o inimigo, não para bater em retirada. Ainda tentei objetar.

— E se...

— Se o quê? Quer ser voluntário?

— Se eu for dado como desertor?

Só então tomei consciência de que a sorte estava tentando me ajudar, e eu resistindo, estupidamente. Deixei o Quartel-General e ainda parei diante do Pantheon de Caxias, dividido entre a euforia de quem escapa de uma morte programada e a vergonha de ter dramatizado o inexistente. Com que cara iria enfrentar os amigos e as namoradas de quem me havia despedido na véspera, provocando lágrimas? Havia feito um papelão.

PROCÓPIO VOLTAVA DA excursão e estreava sua nova temporada no Rio com *Zeca Diabo*. Nossos desentendimentos haviam chegado a um ponto crítico. Sabia que não renovaríamos nosso contrato e esperava até que ele nem mesmo continuasse a montar minhas peças. Agradeci.

— *Sêo* Dias Gomes, se o senhor me escreve uma boa peça, eu a enceno nem que o senhor tenha estuprado a minha mãe.

Apesar dessa declaração, eu estava acabrunhado. Mais do que a não renovação do contrato, eu sentia o possível esfriamento de nossa amizade. Em *Zeca Diabo*, o papel-título, um cangaceiro, era interpretado por Francisco Moreno e não por ele, Procópio, a quem cabia um tipo de rua, um vagabundo, Antão, papel feito sob medida para ele. Mas ele não era o protagonista. Percebendo a grande chance que lhe era oferecida, Moreno entregou-se por inteiro à composição de sua personagem, no dia da estreia tinha o papel na ponta da língua. Procópio, como sempre, compareceu apenas ao ensaio-geral a fim de tomar conhecimento das marcas. Ninguém tinha ideia do que ele iria fazer à noite. Aberto o pano, para surpresa geral, Procópio surgiu compondo um gago engraçadíssimo. Como não havia decorado uma só fala, esse gaguejar era um artifício para dar tempo de escutar o ponto. Mas isso desestabilizou todo o elenco, principalmente Francisco Moreno, que nunca sabia quando ele ia dar a deixa. Dias depois, um crítico escrevia "Procópio esteve soberbo, criando um tipo curiosíssimo. Pena que o ator Francisco Moreno não soubesse uma palavra de seu texto..."

Zeca Diabo não foi um sucesso, apenas "cumpriu a obrigação", como se diz no meio teatral. Na porta do Teatro Regina, Luciano Trigo, velho cenógrafo, português, colocou a mão no meu ombro, consolando-me.

— Menino, você está muito adiantado no tempo. Só daqui a 20 anos seu teatro vai ter sucesso.

Dezenove anos depois, o cangaceiro Zeca Diabo ressurgiria numa outra peça minha, *O bem-amado,* e ficaria popularíssimo na interpretação de Lima Duarte, na televisão.

Como eu já esperava, Procópio não renovou meu contrato. Ele ainda encenaria, no ano seguinte, em São Paulo, mais uma das peças constantes do compromisso, *Dr. Ninguém,* um drama sobre o preconceito racial ambientado na Bahia, que não fez o menor sucesso, em parte devido às alterações introduzidas no texto. A personagem central era um médico negro, pretendente recusado à mão de uma jovem de família tradicional. Não tendo assistido aos ensaios, tive na noite da estreia a desagradável surpresa de ver que o negro sofrerá uma metamorfose, tornara-se branco (interpretado por Procópio) e a recusa se devia agora ao fato de ser filho de uma lavadeira — o preconceito de cor transformara-se num simples preconceito de classe. Protestei, ameacei retirar a peça de cartaz, e Procópio me disse:

— Meu filho, existem dois tabus que você jamais conseguirá quebrar no teatro: todo negro tem que ser de condição inferior, todo padre tem que ser de uma bondade angelical.

Assim era nosso teatro na época. Felizmente, ambos os tabus foram quebrados.

Percebi que agora, com as responsabilidades de arrimo da família, não poderia continuar vivendo só de direitos autorais. Não tinha mais quem me garantisse uma retirada mensal. Foi quando recebi uma carta de Oduvaldo Vianna (pai); eu não o conhecia pessoalmente, mas ele havia assistido à montagem de *Pé-de-cabra* em São Paulo e me convidava para integrar o quadro de redatores de uma emissora que acabava de fundar, a Rádio Panamericana. Hesitei um pouco. Na época, o Rio era a principal praça teatral, o teatro paulista ainda não tinha vida própria. Afastar-me do Rio podia significar a perda de um espaço que eu julgava ter conquistado (e isso aconteceu de fato; eu teria que começar tudo de novo 10 anos mais tarde). Era também o momento em que se prenunciava uma revolução no teatro brasileiro, pelo menos no que diz respeito ao espetáculo. Cabia a iniciativa desse movimento aos amadores, já que o teatro profissional estava desgastado pela mesmice das comédias ligeiras, superficiais, que nada diziam de nossa realidade, preocupado em atender apenas a uma plateia que via o teatro não como arte e sim como simples diversão. Nosso teatro estava mesmo com 30 anos de atraso; sintomaticamente, fora a única arte a não participar da Semana de Arte Moderna, em 1922, e parara no tempo. Grupos amadores, como o Teatro do Estudante, de Paschoal Carlos Magno, e agora, Os Comediantes, procuravam tirar o palco desse ramerrão, recuperar o tempo perdido, quer aventurando-se na montagem de clássicos, quer dando ao acontecimento cênico tratamento estético que o elevava à categoria das grandes artes. E isso se devia, fundamentalmente, a um exilado polonês, Zbigniew Ziembinski, que encenava *Vestido de noiva*, de Nelson Rodrigues e inaugurava entre nós a era do *metteur en scène*, já há muito iniciada na Europa, substituindo o simples ensaiador pelo todo-poderoso diretor, que tudo coordenava, dentro de uma concepção estética que harmonizava todos os elementos do espetáculo, dando-lhe a unidade de uma sinfonia. Estava surgindo no Rio o novo teatro brasileiro, indo para São Paulo, eu me afastava do epicentro desse fenômeno. Mas não tinha escolha. Comigo iam também um grupo de atores e o meu dileto amigo Mário Lago, com quem partilharia a vida boêmia até o casamento (de ambos). Havia conhecido Mário por intermédio de José Wanderley. Tão boêmio quanto seu parceiro, saudavelmente mulherengo, compositor popular já consagrado, letrista inteligente, ator de forte presença cênica, mais do que tudo isso impressionava-me sua descarada profissão de fé política — da qual não fazia segredo — exercida com absoluto destemor, até mesmo com leviandade, e que já lhe havia custado algumas cadeias.

8

Meus anos de pauliceia foram anos de boêmia desvairada. Nem sei como pude escrever três romances durante esse período. É bem verdade que eram narrativas que nenhuma contribuição traziam à literatura brasileira. Também não sei como consegui radiofonizar centenas de peças, contos, novelas da literatura universal. Trabalhei e vivi intensamente, sugando da vida tudo que ela me podia dar em prazeres inconsequentes. Ainda cursando a Faculdade de Direito de Niterói (ia somente fazer provas), achei tempo para estudar um pouco de sociologia, de filosofia, de marxismo, principalmente. A curiosidade pelo marxismo, despertada pela censura do DIP à minha peça de estreia, seria reforçada no ano seguinte por minha filiação ao Partido Comunista.

O rádio daquele tempo era o que é hoje a televisão. A tevê nada inventou, apenas adicionou imagem à programação criada pelo rádio. A Panamericana, recém-fundada por Oduvaldo Vianna, transmitia novelas, programas musicais, humorísticos, peças completas, jornais etc. Coube-me escrever uma radiopeça semanal, programa que eu manteria no ar por 20 anos, levando-o de emissora a emissora, em minha peregrinação radiofônica (no total, cheguei a fazer cerca de 500 adaptações, entre 1944 e 1964, o que me proporcionou apreciável conhecimento da literatura universal). Tinha consciência das falhas de minha formação cultural e do perigo que corria de emburrecer se me deixasse absorver por uma atividade inteiramente voltada para o divertimento. O mesmo perigo que correria mais tarde, na televisão. Por isso, a preocupação de criar programas que me obrigassem a ler, estudar.

A Segunda Guerra caminhava para seu desenlace. Mário e eu estávamos no Cabaré O.K., na Avenida Ipiranga, onde ficávamos quase todas as noites até a casa fechar as portas. Era perto das quatro da madrugada, a orquestra já recolhia os instrumentos, as profissionais da noite que não tinham conseguido trabalho, com ar desconsolado pelos cantos (certa vez, comovido com seu infortúnio, Mário abriu a carteira e saiu distribuindo notas, de mesa em mesa), quando alguém deu a notícia:

— Caiu Paris!

As tropas aliadas haviam retomado a capital francesa. Conosco estavam mais dois redatores. Rumamos todos para a sede da rádio, fora do ar àquela hora. Conseguimos reabrir os estúdios e colocar a emissora no ar com uma mentira, que Oduvaldo Vianna havia ordenado. Não era possível não usufruirmos de algum modo daquele momento de redenção da humanidade. Era preciso espalhar aos quatro ventos que a capital cultural da civilização ocidental estava salva. Conseguimos captar o noticiário da BBC de Londres, apesar da enorme estática, que dificultava o entendimento da língua e confundia as notícias passadas aos locutores improvisados de maneira quase sempre truncada. Cidades e mais cidades caíam, algumas que nem mesmo existiam, e cada uma delas era brindada com champanhe, que tivéramos o cuidado de trazer para comemorar o evento. A guerra só terminou mesmo no ano seguinte, mas nós acabamos com ela naquela noite.

O senso de humor não estava entre as maiores qualidades de Oduvaldo Vianna, que não achou a menor graça em nossa farra quando tomou conhecimento dela no dia seguinte e passou-nos uma enorme descompostura. Era um homem que levava a sério, seriedade até mesmo extremada, a profissão, quer fosse no rádio, no teatro ou no cinema. Atribui-se a ele o abrasileiramento da prosódia em nossos palcos; antes dele, por absurdo que isso pareça, era costume imitar a prosódia portuguesa. Oduvaldo infundia respeito e até medo aos atores quando os dirigia. De físico avantajado, calvo, o crânio pequeno, desproporcional ao corpanzil, rolava sempre nos lábios uma enorme piteira que costumava triturar com os dentes quando algum ator "entripava" ao dizer o texto de sua novela. Dizia-se comunista — e por influência dele eu viria a me filiar ao Partido —, mas agia como um fascista em seus métodos de trabalho, contradição que vim a descobrir em vários dirigentes partidários. Comigo a relação era outra, paternal, afetiva, talvez por minha pouca idade; levava-me frequentemente a almoçar em sua casa, onde vim a conhecer Vianinha, ainda garoto, iniciando aí uma amizade que seguiria ao longo da militância partidária e da luta comum por uma dramaturgia participante. Na ocasião, tomei conhecimento do teatro de Oduvaldo pai, suas peças de grande sucesso na década de 1930. Julguei-as muito superficiais. Uns 15 anos mais tarde, Vianinha pediria minha opinião.

— Acabei de ler todo o teatro de meu pai. Você leu?
— Li.
— Que você acha?

Fiquei pensando numa resposta que não o magoasse, mas ele se adiantou.

— Uma merda, não? — notei que dizia isso com a voz embargada pela emoção (anos depois, quando o velho Oduvaldo já estava no fim da vida, Vianinha viria a rever essa posição, adaptando uma de suas peças e procurando valorizá-lo).

Oduvaldo considerava-me meio desmiolado e sentia-se um pouco responsável por mim, não sei por quê. É bem verdade que eu continuava sem saber para onde dirigir o meu inconformismo nato, vendo o mundo como algo tremendamente injusto, mas sem ter soluções para nada.

No fim do ano de 1944, Oduvaldo e seu sócio, Júlio Cosi, resolveram desfazer-se da Panamericana. Os novos donos, pertencentes a um grupo que já controlava outras emissoras, receberam informações do Dops de que a rádio era um ninho de comunistas, e que esses, descontentes com a venda da emissora, poderiam praticar atos de sabotagem. Requisitaram por isso dois agentes policiais para nos vigiar. Na verdade, havia só dois comunistas entre nós, Oduvaldo e Mário Lago. Ambos estavam deixando a emissora, do mesmo modo que eu (Oduvaldo, transferindo-se para as Emissoras Associadas, decidira levar-me com ele). Os dois policiais, instruídos para não nos perderem de vista, assistiam aos ensaios, misturavam-se aos artistas, paqueravam as radioatrizes. Eram dois brutamontes, mas um deles tinha ares de cantor de tango, cabelos reluzentes de brilhantina, costeletas que escorriam até o queixo; esse conseguiu as graças de Vida Alves, que era ainda uma garota (viria a ser famosa teleatriz e também novelista). Isso nos soou como uma traição. E Mário assumiu a responsabilidade de censurá-la. De brincadeira, lembrou o que naquele momento estava ocorrendo em Paris com as francesas que haviam colaborado com o inimigo — raspavam-lhes a cabeça. Vida, assustada, queixou-se ao policial da ameaça que recebera. Sem que soubéssemos, foi programada uma surra para Mário Lago.

Meu programa de despedida deveria ser uma adaptação de *Pé-de-cabra*, Lago no papel criado por Procópio. No início do programa, fui ao microfone despedir-me dos ouvintes. Em meio a meu pronunciamento, vi os dois policiais entrarem no estúdio (eu havia exigido, e o novo diretor da rádio me prometera que eles jamais fariam isso). Sem saber que eles vinham para aplicar uma surra no Mário, transformei minha fala de despedida num libelo contra a ditadura Vargas.

— Agora mesmo, senhores ouvintes, este estúdio acaba de ser invadido por dois cães policiais, dois agentes da ditadura. Eu não admito isso e, em sinal de protesto, vou tirar este programa do ar.

E dirigi-me à cabine da técnica para concretizar o que prometera. Não cheguei até lá, um dos tiras atacou-me por trás, deu-me uma gravata e me arrastou para fora do estúdio. A porta dava para um camarim, onde minha namorada, Madalena (que viria a ser minha primeira mulher), estava à minha espera. Vi seus olhos saltarem das órbitas, um grito morrer na garganta; o policial me torcia o braço e me levava por uma escada para o andar superior onde, por um corredor, chegava-se ao elevador. O outro vinha atrás, sacava o revólver para impedir a aproximação de dois ou três colegas que tentavam socorrer-me, enquanto o primeiro me espancava. Mesmo apanhando, sangrando, eu continuava a xingá-los.

— Quem é cão policial?

— Vocês, seus filhos da puta. Covardes! Covardes!

Chegamos ao fim do corredor, alcançamos a escadaria que descia para o pequeno *hall* dos elevadores, no andar inferior. O público que enchia o auditório vinha saindo (antes tinha havido um programa musical). Isso fez com que o policial parasse de surrar-me, sem que eu cessasse de gritar e xingá-lo, armando o escândalo. E, aproveitando a hesitação do tira, joguei todo o peso do meu corpo escada abaixo, indo cair no meio dos espectadores. Daí corri para a sala da diretoria, cujas janelas davam para a Rua São Bento. De uma sacada continuei, com veemência, minha denúncia, o povo parando para me escutar.

— Estou sendo espancado por dois agentes da ditadura! — gritei.

— Talvez seja morto por eles, como outros já o foram pela polícia de Felinto Müller! Essa é a ditadura fascista de Vargas, tão fascista como as de Mussolini e Hitler.

O diretor da rádio, aflito, procurava tirar-me da janela, prometendo-me proteção, nada me aconteceria. Garantiu que dispensaria os tiras e me acompanharia até em casa. Eu não era ingênuo a ponto de voltar para casa naquela noite, estava certo de que os tiras iriam até lá. Agostinho Leitão, redator do Teatro Policial, foi quem me acolheu em sua residência, e também a Mário Lago, a essa altura já sabedor de que a surra aplicada em mim lhe estava destinada.

— Baiano, você ainda tem sorte que não usa dentadura — disse, salpicando Korega em sua prótese, enquanto nos acomodávamos para dormir no chão da sala. No dia seguinte, telefonou para a rádio marcando uma entrevista com o diretor às quatro da tarde, para despistar os tiras. E pegou o primeiro trem da manhã para o Rio.

Madalena Theoto era telefonista da rádio e tinha 16 anos quando começamos a namorar. Era órfã e morava com duas irmãs mais velhas que controlavam seus passos com rigor de madres superioras. Tinha permissão para ir ao cinema desde que voltasse antes da meia-noite. Duas ou três transgressões resultaram numa ameaça: "Se voltar depois dessa hora não entra em casa." Uma noite, chegamos, e a porta estava trancada. Batemos, cansamos de bater, Madalena esgoelou-se, suplicou, e as irmãs permaneceram insensíveis. Ficamos na rua, sem saber para onde ir. Eu morava então num quarto de pensão, no Vale do Anhangabaú. O jeito foi levá-la para lá. Pelo que aconteceu nessa noite, nossa relação tornou-se irreversível. Combinamos que no dia seguinte ela deveria ir a casa apanhar suas roupas, e eu iria buscá-la para vir morar comigo. Por coincidência, era o dia do aniversário de Oduvaldo, houve uma grande festa onde eu exagerei na bebida, voltei para casa cambaleando, com a mente totalmente embotada, atirei-me na cama e apaguei. Voltei a mim com a dona da pensão batendo à porta, mal-humorada.

— Tem uma garota aí com uma mala dizendo que é sua mulher.

Era Madalena. Eu me esquecera dela. Madalena me perdoou, estava apaixonada por mim e apaixonada se mostrou durante os dois anos em que vivemos juntos, apesar de todas as canalhices que fiz com ela.

Com o fim da guerra e a vitória das chamadas "forças democráticas", o Partido Comunista saiu da ilegalidade, seu líder, o lendário Cavaleiro da Esperança, Luiz Carlos Prestes, deixou as prisões da ditadura, onde estivera durante nove anos em condições subumanas, e podia apresentar-se agora no Estádio do Pacaembu, num comício que reunia Jorge Amado e Pablo Neruda, além de dezenas de milhares de pessoas. Eu já havia lido a panfletária biografia de Prestes escrita por Jorge e começava a vislumbrar um objetivo para onde podia canalizar minha anárquica rebeldia.

A multidão ensandecida tomando todo o estádio e as palavras de extrema e inusitada simplicidade de Jorge Amado saudando Prestes, após a digressão andina de Neruda, me comoveram.

— É a coisa mais bonita que já vi na minha vida.

Era fácil recrutar-me. Embora me fosse difícil aceitar a palavra de ordem do Partido naquele momento: apoiar Getúlio, apoiar o carrasco de Prestes. Como tantas outras palavras de ordem contraditórias com as quais aprendi a conviver nos meus quase 30 anos de militância, engolindo-as em nome do "centralismo democrático" e da obediência à linha partidária. A dúvida em meu espírito: seria esse o preço a ser pago pela libertação de Prestes ou o caminho a seguir para assegurar a volta à democracia? A deposição de Vargas e seu exílio em São Borja livraram-me desse primeiro conflito ideológico de consciência. Com a eleição do general Dutra, o Partido foi, dois anos depois, novamente declarado ilegal e empurrado para posições de extrema esquerda. A prática mostrava que a revolução pelo voto era uma utopia — todos os nossos deputados haviam sido cassados. Parecia justo pensar-se na insurreição pelas armas e começou-se a recolher dinheiro para financiar a formação do nosso exército vermelho.

O Partido fazia-me lembrar muito o colégio de padres maristas onde fiz o curso primário. Por seu culto à disciplina partidária, por sua obediência religiosa à ortodoxia marxista-leninista, por sua cega admiração por tudo que viesse da União Soviética. Era como a infalibilidade do Papa, indiscutível. Minha índole contestadora tinha dificuldade em adaptar-se. Principalmente à ótica jesuítica com que era encarado o sexo. (Quando visitei a União Soviética, em 1953, tive a impressão de estar num enorme convento. Após dois meses de absoluta abstinência, atrevi-me a confidenciar meu desespero à nossa companheira-intérprete, que, aliás, nada tinha de atraente, e levei uma tremenda descompostura seguida da ameaça de levar o caso à direção do Partido.) Ainda em São Paulo, depois de dois anos de militância, os dirigentes da minha célula decidiram conceder-me umas "férias", considerando que meu envolvimento com mulheres constituía uma permanente ameaça à segurança partidária, já que nossas reuniões, sendo absolutamente clandestinas, eram sempre interrompidas por telefonemas de alguma namorada. De nada adiantava explicar que eu era forçado a revelar onde estava para que elas se certificassem de que não as estava traindo. Na verdade, minhas transgressões disciplinares já prenunciavam o que vim a constatar mais tarde e que me levaria a deixar o Partido: eu era e sempre seria um péssimo militante.

9

A primeira vez que nos cruzamos nos corredores das Emissoras Associadas, a indiferença foi a atitude de parte a parte. Mais tarde, Janete disse-me que me achou antipático e detestou meu sorriso irônico. Eu devo tê-la achado uma garota comum, devo ter notado seu porte elegante, suas pernas bem torneadas, nada mais. Ela era locutora e radioatriz, estava iniciando carreira, como eu. E, durante um ano, nos cruzaríamos várias vezes sem que a minha indiferença ou sua antipatia por mim se alterassem. A vida de redator de rádio era absorvente, eu chegava à emissora às 10 da manhã e saía às 10 da noite, escrevendo sem parar dois, três programas por dia. Toda uma geração de escritores e atrizes que se tornariam famosos mais tarde na televisão estava naquele momento iniciando carreira. Cassiano Gabus Mendes, Walter Durst, Lima Duarte, Hebe Camargo, Dionísio Azevedo, Laura Cardoso, Walter Avancini e muitos outros. Eu, ainda com a cabeça no teatro, esforçava-me para levar o rádio a sério, escrevendo radiopeças e levando ao ar um programa, *A vida das palavras,* onde misturava música, história, folclore, poesia, teatro, humor, num coquetel radiofônico que alcançava bastante sucesso, apesar de sua pretensão cultural. Havia conseguido editar meu primeiro romance, que só não passaria totalmente despercebido graças à adaptação que dele fiz para o rádio; e minha relação conjugal com Madalena, ainda que fôssemos dois jovens totalmente inexperientes, seguia satisfatória. Ela havia sido despedida do emprego quando descobriram que estava grávida (seu primeiro aborto) e morávamos num conjugado na Avenida Duque de Caxias, onde todas as noites me esperava sedenta de amor. Minha mãe, que eu trouxera do Rio, nada sabia de nossa relação, eu não tinha coragem de lhe contar, certo que estava de sua desaprovação. Por isso a hospedara numa pensão da Rua Dr. Arnaldo, próxima aos estúdios Associados, no Sumaré. Passava por lá todos os dias e quase sempre a encontrava chorando a morte de meu irmão. Doía-me a consciência mantê-la afastada de mim; acabei alugando um quarto na mesma pensão. E, para que ela não desconfiasse, deixava o apartamento de Madalena antes de o dia amanhecer, naquele tiritante inverno paulista, e ia para a pensão a fim de que ela me encontrasse na cama quando acordasse.

Eu e Janete continuávamos a cruzar os corredores da rádio, sem que nada acontecesse. Até que um dia paramos um diante do outro, e ela me disse:

— Sabe, escutei ontem uma música que é a sua cara.

— Engraçado, ontem também fui ver um filme, *O retrato de Dorian Gray*, o tema musical é um prelúdio de Chopin...

— Eu sei, o Prelúdio em Ré Menor...

— Isso mesmo. Não sei por que, fiquei pensando em você a noite toda...

— Mas é a mesma música que eu acho que tem a sua cara.

Janete, quando não estava trabalhando, ficava na discoteca ouvindo música. Seu pseudônimo adviera de sua predileção por Debussy, principalmente *Au Clair de Lune*, que ouvia sem parar. Janete Au--Clair-de-Lune a apelidou Otávio Gabus Mendes, Janete Clair, o pseudônimo que acabou adotando. Mas foi Chopin quem nos aproximou. Uma aproximação intempestiva, como se uma paixão há muito represada explodisse de repente; naquela noite mesmo, saímos juntos e nos descobrimos feitos um para o outro. Espantoso que tivéssemos levado um ano para fazer essa descoberta.

O rompimento com Madalena seria difícil, demorado e extremamente doloroso para ela; só se daria após um ano de atritos e agressões mútuas, ao fim dos quais, por duas ou três vezes, ela desmaiou. Descobri, a princípio assustado, que era sujeita a esses desmaios, o sangue sumia de seu corpo tomado por frigidez cadavérica, ficava como morta, para segundos após despertar suando copiosamente, um suor fétido, necrosado. E a separação, ansiosamente desejada por mim, ficava adiada. Mesmo já sabendo de meu envolvimento com Janete, ela me suplicava que não a abandonasse, não poderia viver sem mim. Mas eu teria que me definir entre a piedade que sentia por ela e a paixão por Janete, que não aceitava aquela situação dúbia e ameaçava romper comigo. Uma noite, depois de ser cruelmente sincero — amava outra mulher, ia deixá-la e isso era definitivo —, Madalena mais uma vez desmaiou. Dessa vez não a socorri, deixei-a lá, estendida. Janete esperava-me, e eu fui ao seu encontro levando comigo sentimentos homicidas que jamais supusera capaz de alimentar, desejando que aquele desmaio fosse seguido de morte, e essa morte me libertasse. Pelo caminho que me levava ao bairro de Pinheiros ia, como na elaboração de uma peça, construindo mentalmente a cena trágica. Os bombeiros, chamados para arrombar a porta do apartamento, encontrando-a sobre a cama, morta. Respiração boca a boca, murros no peito, nada, nenhum sopro de vida. Poderiam acusar-me de homicídio? Omissão de socorro? O ser humano, por mais civilizado que seja, por mais íntegro que se julgue, abriga em si um assassino. Ainda que o amor tudo justifique. Ou será que estou apenas tentando me defender?

Entre agosto e setembro de 1947 reuniu-se no hotel Quitandinha a chamada Conferência Interamericana de Manutenção da Paz e Segurança, título que mascarava o objetivo principal dos Estados Unidos, o Tratado de Assistência Recíproca, que dava aos americanos o direito de exercer sua vocação de polícia do mundo e intervir em qualquer país das Américas ameaçado pelo "comunismo internacional". No meu programa *A vida das palavras*, a cada semana um vocábulo era tomado como tema. Nessa semana escolhi, bem a propósito, a palavra "quitanda", e concebi uma sátira política em que cada país era representado por uma fruta: os Estados Unidos, a maçã, a *big apple,* o Brasil, o abacaxi, a Argentina, a uva (alusão à uva argentina, muito consumida aqui àquela época e também a Eva Perón, presente à conferência) etc. E lançando mão dessas metáforas procurei levar ao ridículo e desmascarar a conferência. O cônsul americano em São Paulo escutou o programa, telefonou indignado a Assis Chateaubriand, dono da emissora, e Chatô mandou demitir-me. Naquele tempo havia um convênio firmado entre as emissoras de São Paulo pelo qual todas se obrigavam a notificar as demais sempre que um contratado fosse demitido por motivos políticos. (Seriam já as ideias macartistas chegando até nós?) Sei que, demitido das Associadas, tentei encontrar emprego em outra rádio, e em todas repetia-se o mesmo ritual: inicialmente muito bem-recebido, mandavam-me voltar daí a uns dias para assinar contrato, quando, então, sob um pretexto qualquer, o acerto era desfeito. Já desanimado, pois havia batido à porta de quase todas as emissoras de São Paulo, cheguei à Rádio América, que tinha novo dono, Oscar Pedroso Horta (o mesmo que anos mais tarde, ministro da Justiça, levaria ao Congresso a carta-renúncia de Jânio Quadros, contrariando, talvez, os desejos do próprio Jânio, cuja renúncia não era para valer). Advogado famoso, Horta havia recebido a rádio em paga de honorários por ter defendido um deputado trabalhista, Hugo Borghi (que liderara o movimento "queremista", pela permanência de Getúlio no poder), metido em transações desonestas. Por sorte, o superintendente da rádio era Júlio Cosi, ex-sócio de Oduvaldo Vianna na Panamericana, que me recebeu muito bem, mas nada podia resolver sem consultar Pedroso Horta. Temi que o fato se repetisse, e realmente nesse mesmo dia Horta foi alertado pelo Dops de que eu era um "comunista perigoso", não me podia contratar. Sua reação foi inusitada:

— Quem manda na minha casa sou eu. Cosi, contrate esse rapaz pelo preço que ele pedir.

Era um tipo curioso. Nada entendia de rádio, e sua primeira providência foi construir um bar no andar térreo, onde passava os dias bebendo um bom uísque escocês e recebendo os amigos. Vindo já de vários "matrimônios", vivia na época com a mais velha de três lindas irmãs, estava se separando dela para unir-se à irmã do meio, da qual se separaria para ficar com a caçula (este último casamento, conforme me assegura José Aparecido de Oliveira, um dos políticos mais bem-informados do país e que foi amigo íntimo de Horta, é fruto exclusivo de minha tresloucada imaginação; bem alertei o leitor de que não se pode confiar na minha memória). Pedroso Horta tornou-se meu amigo e admirador ao ler o romance que acabara de escrever *Quando é amanhã?* (Uma edição acidentada, a editora falira, o livro passara de gráfica em gráfica, chegando finalmente às livrarias com centenas de erros de impressão.) Achou que eu tinha muito talento e mandou um exemplar para Sérgio Milliet, um dos críticos mais conceituados de São Paulo, que lhe teceu elogios pela imprensa, embora eu desconfie até hoje de que a louvação lhe fora encomendada.

Janete, solidária (a solidariedade era um de seus maiores predicados), pediu rescisão de seu contrato para acompanhar-me, já que a Rádio América estava disposta a contratá-la. Àquela altura já se firmara como uma das principais locutoras e também das melhores radioatrizes de São Paulo. Dermeval Costa Lima, diretor das Associadas (que viria a ser nosso padrinho de casamento) não aceitou a rescisão, apenas lhe concedeu a suspensão temporária do contrato e a permissão de trabalhar somente na Rádio América. Estava convencido de que vivíamos uma paixão passageira e de que ela retornaria após a grande decepção que teria comigo. Minha fama de boêmio parecia confirmar essa expectativa.

Eu alugara uma casa num bairro tranquilo, Vila Pompeia, e vivia com minha mãe (a primeira vez que isso acontecia, desde a morte de meu irmão), empenhado em escrever um novo romance, o quarto, que me levaria a concluir que não era essa a minha praia. Mas, a contragosto, me afastara totalmente do teatro. Ao fim desse ano, um milionário italiano, Franco Zampari, fundaria o Teatro Brasileiro de Comédia, e eu tentaria um contato com o grupo, sem o menor sucesso; a mentalidade era elitista, encenar autores nacionais não estava nas cogitações do TBC, sua proposta inicial era montar textos estrangeiros (Cocteau, Anouilh, Tennessee Williams), aproximando-se da qualidade dos espetáculos parisienses ou nova-iorquinos. Segundo o próprio Zampari me contaria mais tarde, a iniciativa surgira de uma fútil aposta que fizera com amigos igualmente abastados e igualmente esnobes, entre um uísque e outro, na elegante Boate Oásis, quando todos se queixavam das dificuldades de ir a Paris ou a Nova York assistir a um bom espetáculo. Apostara uma caixa do melhor *scotch* como conseguiria realizar em São Paulo eventos da mesma qualidade. Ninguém se preocupava com a nossa dramaturgia, e, sim, com o espetáculo. Aquela preocupação só viria a surgir mais tarde, quando Flávio Rangel encenou *O pagador de promessas*. Mas essa é outra história.

Eu e Janete trabalhamos um ano na Rádio América, e foi durante esse tempo que lhe dei a oportunidade de escrever sua primeira novela, *Rumos opostos*, em 20 capítulos. Ela começava a dominar a técnica, já que, em nossos últimos anos nas Associadas, eu costumava ditar-lhe meus programas (como datilógrafa, era muito mais veloz do que eu), e ela assimilava com rapidez. Mais tarde viria a demonstrar, no rádio e na tevê, não só domínio técnico como extraordinária capacidade inventiva.

Por essa época, chegavam em quantidade ao Brasil, fugidos da miséria do pós-guerra, diretores de teatro e cinema europeus, ostentando credenciais nem sempre verdadeiras. Um deles, Mário Civeli, dizia-se assistente de Rosselini, diretor de *Roma, Cidade aberta*, filme que marcava o início do neorrealismo italiano. Quando o filme chegou às nossas telas, viu-se, com espanto, que seu nome nem figurava nos créditos. O fato foi justificado como uma confusão da imprensa internacional, Civeli, então cinegrafista de uma companhia americana de documentários, contrabandeara alguns rolos de fita para a produção do filme, essa sua brilhante participação. Mesmo assim, esgrimindo uma lábia irresistível, conseguiu convencer alguns milionários ingênuos a investirem numa companhia cinematográfica que fundou, a Maristela, a quem vendi os direitos de filmagem de *Pé-de-cabra* (por indicação de Procópio). A Maristela faliu, e *Pé-de-cabra* nunca foi filmado. Não sei se foi azar ou sorte minha. Na mesma leva de Civeli, veio Guido Padovani, com a credencial de haver trabalhado na Cinecitá. Quando se perguntava em quê, desconversava:

— *Tutto*. Fiz de *tutto*.

Era jovem, baixotinho, envolvente, falava gesticulando, os braços como as pás de um cata-vento, pouco ligando para os barbarismos que cometia com nossa língua, apareceu-me com um romance que eu publicara dois anos antes, *Um amor e sete pecados*, dizendo-se impressionado com as qualidades cinematográficas do livro; queria filmá-lo. Entusiasmei-me. Àquela época, eu não só era um cinemaníaco, como devorava avidamente todo e qualquer manual de técnica cinematográfica que me chegasse às mãos. Pus-me a escrever o roteiro, sem levar em conta que Padovani não tinha um tostão, almoçava e jantava no restaurante da rádio e mandava "pendurar" na minha conta. Prometia pagar quando entrassem os milhões que arrecadaria dos industriais paulistas. Contei o projeto a Pedroso Horta, e ele também se entusiasmou e decidiu participar mandando comprar uma boa câmera, com a qual realizamos os primeiros testes para escolha do elenco. Padovani queria que eu e Janete fôssemos protagonistas; aceitamos com entusiasmo, fizemos testes e nos preparamos devidamente. Após seis meses, a conta do restaurante aumentando cada vez mais, a produção parada sem que os sonhados milhões dos mecenas ítalo-paulistanos tivessem entrado, Padovani me colocou um problema com a maior cara-de-pau: morria de saudade de sua *móglie* que ficara na Itália, não tinha tranquilidade para produzir o filme assim, sem o calor de uma companheira. Eu precisava financiar a vinda de sua mulher. Mandei-o à merda. O filme obviamente nunca foi realizado, graças a um deus qualquer que protege os otários.

Minha saída da Rádio América ao fim de um ano não se deveu a qualquer motivo político, apenas a razões econômicas: minha contratação não aumentara os baixíssimos índices de audiência da emissora. Também a Bandeirantes, de muito maior prestígio, acenava-me com um salário mais vantajoso. Minha transferência para lá resultou na volta de Janete para as Associadas, que dela exigiram o cumprimento do contrato.

A Rádio Bandeirantes pertencia a Ademar de Barros, governador do estado, que a dera de presente a seu jovem genro, João Saad, como uma espécie de dote. João, então muito magro, saberia engordar não só seu próprio físico como também seu dote, transformando-o numa das maiores cadeias de rádio e televisão do país. Fui nomeado diretor artístico, embora continuasse escrevendo programas, e uma de minhas primeiras providências foi mandar vir do Rio Mário Lago, que estava desempregado. Nossos temperamentos e nossas visões de mundo se assemelhavam bastante, embora Mário já estivesse casado. Janete, nas Associadas, voltava a fazer sucesso como radioatriz e locutora, eu ia buscá-la quase todas as noites no Sumaré para levá-la em casa, no bairro de Pinheiros, onde morava com a mãe, o padrasto e mais duas irmãs. Foi um período difícil, quando colocamos em risco nossa relação. Por culpa minha, claro, de minha índole boêmia e absoluta fraqueza diante das mulheres. Essa minha debilidade fez com que Aríete se atravessasse perigosamente no meu caminho. Era também radioatriz, alta, vistosa, dona de pele muito alva e voz adocicada, sensual, como convinha às ingênuas de radionovela. Vivia chorando sua desdita por ter sido traída pelo namorado, ex-sonoplasta da rádio, que acabava de casar-se no Rio, sem ter tido a delicadeza de ao menos comunicar-lhe o fato. Deixava o microfone e ia para a minha sala, encharcava com suas lágrimas uma poltrona de veludo vermelho ao lado de minha mesa e me forçava a interromper o trabalho para consolá-la. E, se eu me excedia um pouco nesse gesto humanitário, dizia sempre que jamais fora para a cama com qualquer homem. Quando, por fim, tive provas concretas de que estava mentindo e a acusei de ter-me enganado, respondeu, convicta:

— Eu não menti pra você. Não foi na cama que perdi a virgindade, foi na discoteca, de pé.

Aríete também havia sido quase noiva de Cassiano Gabus Mendes, que passou a me detestar e me intrigar com Janete. Nossos atritos passaram a ser constantes, protagonizamos cenas violentas de ciúmes, até o dia em que Janete, olhando-me nos olhos, me disse, sem mais rodeios:

— Estou grávida de três meses. E não vou abortar.

Nem eu àquela altura iria pedir-lhe isso. Mas a notícia, ao mesmo tempo que me assustou, me acordou para a realidade. Nosso namoro já durava quatro anos, e eu não tinha dúvidas de que a queria para companheira de toda a minha vida. Sabia que ia encontrar resistência em minha mãe, para quem nenhuma mulher do mundo me merecia e tinha o direito de separá-la de seu único filho. Sem coragem de enfrentá-la pessoalmente (hoje acho espantosa essa relação de medo e respeito), escrevi-lhe uma longa carta, que deixei sobre a minha mesa de trabalho, para que ela a lesse. Ia ter um filho e não queria que esse filho nascesse sem pai, argumento meio piegas, mas que eu sabia que ia ferir a sua sensibilidade burguesa.

Marcamos a data de nosso casamento e decidimos que nos mudaríamos para o Rio, onde já havíamos acertado as bases de nossos contratos, eu na Tupi, e Janete na Tamoio, emissoras Associadas que funcionavam no mesmo prédio, próximo à Praça Mauá. Era uma decisão sensata e que, além do mais, atendia ao anseio de retomar minha carreira de autor teatral, embora naquele ano o TBC já passasse de sua fase esnobe-amadorística para um profissionalismo responsável — ainda que hostil a qualquer preocupação política ou social —, cujo tom era dado por bons diretores, como Adolfo Celi e Ruggero Jacobbi, e atores, como Paulo Autran, Cacilda Becker, Tônia Carrero, Tereza Rachel e Fernanda Montenegro. O centro teatral começava a se deslocar do Rio para São Paulo, ou ambos passavam a ter igual importância. O teatro brasileiro, como espetáculo, recuperava o tempo perdido (Zampari ganhava sua aposta), ainda que se questionasse o estilo "europeu" de representação imposto a esses atores. Mas a dramaturgia ainda não tinha vez. Só viria a ter sete ou oito anos mais tarde, com os movimentos de reação ao TBC do Teatro de Arena e do Oficina, bem como com revelações esporádicas em outros grupos.

Aconselhado por amigos ante as reações ao meu próximo casamento, fui forçado a encenar uma farsa. Luiz de Oliveira havia visto um revólver na bolsa de Aríete, e ela lhe confessara que pretendia assassinar-me na igreja. Embora isso cheirasse a folhetim, era bom não arriscar. Eu não tencionava casar-me no religioso, mas a ida ao cartório já configurava um perigo que não queria correr. Luiz plantou-se de sentinela diante do cartório e ficou acertado que, logo após a cerimônia, eu e Janete (que de nada tinha conhecimento) tomaríamos o avião para o Rio. Mas, para que essa fuga rocambolesca fosse tranquila, Mário

Lago convidaria todos os colegas da rádio para um coquetel que seria oferecido aos noivos na própria emissora, justamente na hora em que o avião estaria levantando voo. E assim foi feito. Como nas novelas açucaradas, tivemos o nosso *happy end*, embora meu amigo Mário Lago ficasse muito mal na história. Mas ele me devia uma surra da polícia.

Como era costume, os companheiros aproveitaram o pretexto para levantar dinheiro para o Partido. Uma lista passou de mão em mão, e uma boa quantia foi arrecadada com o falso objetivo de ajudar os noivos, que iam iniciar uma nova vida sem um tostão no bolso. Essa soma me foi entregue publicamente, mas eu devia passá-la às mãos de um membro do Partido, sem que ninguém percebesse, antes de embarcar. Como estávamos sempre cercados de muita gente, a operação se tornava difícil. Já nos encaminhávamos para o avião quando Dárcio Ferreira, secretário político da célula, correu esbaforido ao nosso encontro e pude passar-lhe o envelope recheado de notas. Antes havia suplicado que nos fosse permitido ficar ao menos com uma pequena parte. Mas Dárcio foi inflexível:

— Companheiro, isso é dinheiro para a revolução.

Segunda parte

10

Minha volta ao Rio era como uma correção de rumo, um retorno à rota principal após seis anos de descaminhos — essa era a sensação que trazia comigo. Nunca encarara o rádio senão como um meio de subsistência — meus desesperados esforços para levá-lo a sério e conferir dignidade ao meu trabalho soavam falsos a mim mesmo —, meu afastamento do teatro importava numa perda de identidade que nem minhas equivocadas incursões na literatura conseguiam suprir. Não imaginava que ainda teria de esperar 10 anos para recuperar o espaço e o tempo perdidos. Embora o panorama teatral carioca tivesse sido ligeiramente sacudido de seu marasmo pela nova concepção de *mise-en-scène* lançada por Os Comediantes e por algumas montagens mais audaciosas, como o *Hamlet* do Teatro do Estudante, com Sérgio Cardoso — o mais brilhante canastrão que já vi representar —, fazendo com que companhias profissionais procurassem cuidar melhor de seu repertório e alguns autores se sentissem espicaçados à produção de textos mais elaborados, como Henrique Pongetti com sua sátira ao anarquismo em *Amanhã se não chover* e Guilherme Figueiredo com

Um Deus dormiu lá em casa, manipulação de um texto clássico grego rejuvenescido por Giraudoux. Mas que tinham a ver esses textos com a nossa realidade? Já havia, sim, um movimento estético positivo no teatro brasileiro, mas esse movimento ainda não chegava à dramaturgia; Nelson Rodrigues era um caso isolado, uma ilha cercada de Pedros Blocks por todos os lados. E o surto de dramaturgia dos anos 1950 e 1960 nada tem a ver com ele.

Mas o Rio estava em ebulição, aproximavam-se as eleições que reconduziriam Getúlio ao poder. O Partido Comunista mandaria votar em branco, mas o povo apoiaria maciçamente a volta do ditador agora travestido de democrata e nacionalista. Essa nova personagem que decidira interpretar de maneira surpreendentemente convincente seria protagonista de uma grande e insuspeitada tragédia histórica. Como nas tragédias gregas, o homem, ao decidir contrariar os deuses (americanos), selara seu destino.

Alugamos um modesto mas aconchegante apartamento no Largo do Machado e trouxemos minha mãe para morar conosco — quando decidimos casar expliquei a Janete o compromisso que assumira com Guilherme em seu leito de morte —; o convívio não foi fácil, de início, como eu já esperava, mas Janete soube, aos poucos, conquistá-la. Meses depois nascia nosso primeiro filho, resolvemos batizá-lo com o nome de meu falecido irmão; e logo Dona Alice se apegou a ele como se fosse a reencarnação de seu próprio filho. No ano seguinte, Janete daria à luz novamente. Uma incompatibilidade sanguínea que só viríamos a descobrir nove anos mais tarde nos levaria esse segundo filho com apenas sete dias de vida. Foi um choque violento, difícil de aceitar — não sabíamos a quem culpar, se à incompetência dos médicos ou a nossa própria inexperiência —; um sentimento misto de perplexidade, culpa e revolta nos acompanhou durante muito tempo.

Ao assumir novamente o poder, Getúlio quis premiar o jornalista Samuel Wainer, que tantas vezes o entrevistara no exílio e profetizara sua volta. Ordenou ao Banco do Brasil que lhe concedesse um empréstimo destinado à fundação de um jornal — político matreiro, matava assim dois coelhos com uma cajadada só: gratificava o amigo e ganhava o apoio de um periódico, já que toda a imprensa lhe fazia oposição, notadamente os jornais de Assis Chateaubriand, *O Globo,* de Roberto Marinho, e *Tribuna de Imprensa,* de Carlos Lacerda. Samuel fundou a *Última Hora* e também comprou uma emissora, a Rádio Clube do Brasil. Júlio Cosi, seu amigo pessoal, foi chamado de São Paulo para dirigi-la. Pouco entendido na parte artística, Cosi pediu minha ajuda, ofereceu-me a direção de Broadcasting. Levei comigo Janete, contratada agora como redatora, já que na Rádio Tamoio escrevia um programa, *Pausa para meditação,* de grande audiência graças aos conselhos finais de um místico algo folclórico, Júlio Louzada. Na Rádio Clube, Janete teria oportunidade de se desenvolver como novelista.

A Rádio Clube era uma emissora modesta que ganhava agora a pretensão de competir com as de maior audiência. Fui autorizado a contratar uma boa orquestra, cantores, radioatores, redatores etc. e organizar uma programação eclética, de forte apelo popular. Chamei maestros como Cláudio Santoro e Alceu Bochino, redatores como Chico Anísio, então iniciando brilhante carreira de humorista, e atores como Procópio (reatando nossa amizade estremecida), a quem confiei a interpretação de uma adaptação radiofônica das crônicas de Nelson Rodrigues na *Última Hora,* a cacofônica *A vida como ela é.* Oswaldo Sargenteli e Silvio Santos eram locutores, e este último, então um ilustre desconhecido, era relegado ao pior horário, o da madrugada; Silvio revezava com outro locutor, de nome Taufic. E foi esse locutor que um dia trouxe à emissora meia dúzia de agentes do Dops com ordem de prendê-lo. Entediado e frustrado por trabalhar num horário em que todos estão dormindo e na certeza de que não estava sendo ouvido, lá pelas quatro ou cinco da madrugada, sonolento, Taufic resolveu inventar uma notícia.

— Senhoras e senhores ouvintes — disse, com voz soturna e após fazer soar um gongo —, cumpre-nos anunciar, com profundo pesar, que acaba de falecer o general Góes Monteiro.

Góes Monteiro, general de tendência fascista, fora ministro da Guerra de Vargas ao tempo do Estado Novo, tramara com ele o golpe de 1937 e era ainda uma das figuras de maior prestígio no governo. E por mais que eu argumentasse que o locutor (que a meu conselho havia sumido) seria punido e não havia cometido nenhum crime que justificasse a prisão, os agentes do Dops permaneciam inconformados.

— Como não cometeu crime? Ele assassinou um general! — gritava um deles.

— Um General! — repetiu outro. — Merecia 30 anos de cadeia!

Por essa época, fui procurado pelo editor de meu primeiro romance, o Fernandes, que me trazia um adolescente de seus 14 ou 15 anos.

— É meu sobrinho, diz que quer ser diretor. E está curioso de saber como se dirige uma emissora de rádio.

Expliquei que não tinha tempo para ensinar, mas que ele, o garoto, podia vir todos os dias e ficar me observando, acabaria aprendendo. Daí em diante, diariamente, durante todo o tempo em que permanecia na rádio, eu tinha o "aprendiz de diretor" me seguindo, me acompanhando. Se eu ia ao estúdio, ele ia atrás, se ia ao palco, ele me seguia, se permanecia em minha sala despachando, ele se sentava no sofá à minha frente e não tirava os olhos de mim, não perdia um só dos meus movimentos, uma só palavra. Era a minha sombra. Às vezes, andando na rua, eu imaginava que tinha alguém me seguindo, voltava-me, não via ninguém, aquilo já estava virando uma paranoia. Chamei o Fernandes e supliquei.

— Por Deus, me leve esse garoto, ele está me deixando maluco.

Dezessete anos depois, esse mesmo garoto me contrataria para trabalhar na TV Globo: era José Bonifácio de Oliveira Sobrinho, o Boni. Havia se transformado num dinâmico executivo, cujo talento seria amplamente reconhecido como principal artífice da façanha de colocar a rede Globo entre as quatro maiores redes de televisão do mundo (quando assinei contrato, perguntei-lhe se havia aprendido alguma coisa em seu estágio na Rádio Clube, ele me respondeu "Aprendi, sim. Aprendi como não se deve dirigir uma emissora".).

Animado pelo bom salário que agora recebia — nossa vida parecia estabilizada —, resolvi comprar um apartamento no Flamengo, financiado em oito anos. Ao tomar conhecimento disso, o dirigente do Partido, que assistia ao nosso setor, se mostrou indignado.

— Oito anos! Você compra um apartamento para pagar em oito anos, companheiro, quando a revolução está aí, batendo à nossa porta? É muita falta de perspectiva histórica.

Seu codinome era Tião, seu nome verdadeiro, não sei. Era baixinho, simpático, fala macia, olhos ariscos de gato espantado, vivia cobrando quotas de finança. Rompeu com o Partido após a divulgação do relatório Krushev, não por tomar conhecimento dos crimes de Stálin, mas por descobrir que Prestes, na ilegalidade, escondido num "aparelho", tinha uma mulher e vários filhos.

— Nós aqui dando duro, e ele lá fornicando!

Com seus negócios em São Paulo, Cosi teve que deixar a superintendência, foi substituído por Marques Rebelo. Escritor famoso, foi recebido com desconfiado respeito. Logo que tomou posse, Rebelo chamou-me a sua sala.

— Dr. Dias Gomes — disse, cerimoniosamente, deixando claro pelo tratamento que me dava, apesar de minha pouca idade, que não queria intimidades —, precisamos moralizar e elevar o nível cultural dessa gente. — A gente a que ele se referia eram os artistas de rádio. E dando início a seu projeto, estabeleceu normas de comportamento, fez de sua sala um ponto de encontro de escritores e jornalistas, como Adonias Filho, Josué Montelo, José Mauro, e ocupou os corredores da rádio com uma exposição de pintores modernos.

— Gosta?

— Muito — respondi, apoiando a iniciativa. — Gostaria de ter dinheiro para comprar todos eles.

— Tem preferência por algum?

Apontei uma paisagem de Maria Leontina.

— É seu. Vou mandar levar para sua casa.

Fiquei felicíssimo. Mas minha felicidade só durou até o fim do mês, quando recebi o contracheque e vi que ele havia descontado o preço do quadro do meu salário. Dr. Marques — assim passei a chamá-lo, devolvendo o título — não gostou quando tive o atrevimento de fazer restrições a seu romance *A estrela sobe*.

— É um bom romance, mas acho que o senhor não está muito por dentro do ambiente de rádio — disse, timidamente, vendo que ele passava a mão no cabelo em escovinha e torcia a boca não sei se num sorriso sarcástico ou num esgar de menosprezo —, me desculpe.

Talvez por dar ouvidos a minha observação, sinceramente ou não, Dr. Marques resolveu despir-se de seus preconceitos e passou a conviver com os artistas, democraticamente. Levou a democracia longe demais, acabou apaixonando-se por uma radioatriz, a bela, Neuza Tavares, uma paixão tão abrasadora, que várias vezes o pilhei enroscado com ela no sofá de sua imponente sala de superintendente. Seus bem-intencionados planos de moralização foram por terra.

Liderada por Carlos Lacerda e com maciço apoio de toda a imprensa falada e escrita — com exceção da *Última Hora* e da Rádio Clube — acirrava-se uma violenta campanha contra Vargas, pedindo sua deposição. O verdadeiro motivo dessa campanha, as medidas nacionalistas de Getúlio, era hipocritamente escamoteado para dar lugar a um moralismo exacerbado. Procurava-se atingir Vargas provando-se a desonestidade daqueles que o cercavam. Samuel Wainer, chamado a depor numa CPI, acusado de concorrência desleal, falsidade ideológica, devedor insolvente do Banco do Brasil e muitas coisas mais, enrolava-se todo. E o Partido Comunista, num imperdoável erro de visão histórica, embarcava nessa canoa, fazia coro com a chamada "banda de música da UDN". Eu, na Rádio Clube, me sentia numa posição ambígua, extremamente desconfortável. O convite para integrar uma delegação de escritores que ia à União Soviética participar das comemorações do 1º de maio me chegou nesse momento. Jorge Amado organizava a delegação. Eu teria que ir sozinho, Janete não me poderia acompanhar, estava escrevendo e morria de medo de viajar de avião. E, como não tínhamos relações com a União Soviética — estávamos em plena guerra fria —, inventei uma viagem de estudos à Inglaterra, pedi dois meses de licença, e um agiota simpatizante do Partido emprestou-me o dinheiro da passagem, que era por nossa conta. Atravessar a "cortina de ferro" naquele momento era um ato literalmente subversivo. Fui ao apartamento de Jorge Amado em Copacabana aconselhar-me. Jorge, de quem eu me aproximara recentemente, era uma amizade que eu herdara de meu irmão, Guilherme; haviam sido amigos na Bahia nos tempos da juventude. Apesar disso, sempre relutara em me aproximar, porque tinha dele uma ideia completamente errada. Cercado sempre de bajuladores devido a sua própria expressão como romancista, dava-me a impressão de que a adulação, o puxa-saquismo, eram condições imprescindíveis para participar de sua roda de amigos. Estava totalmente equivocado, conforme constatei mais tarde, quando uma sólida amizade que nos levou até o compadrismo me revelou uma das mais generosas e solidárias criaturas que conheci em toda a minha vida. Expus a ele minha situação, os riscos que iria correr, pedi um conselho.

— Tu é que decides — me disse ele.

E eu decidi. Voei para Paris e de lá para Praga, onde me juntei à delegação.

11

Bernardo Ellis, Mário Donato, James Amado, Miécio Tatti, Alina Paim, o maestro Cláudio Santoro, o ator Jackson de Souza e o economista Olímpio Guilherme faziam parte de uma delegação um tanto quanto heterogênea, que era chefiada pelo romancista José Geraldo Vieira. Havia comunistas e não comunistas, o que às vezes dificultava as decisões.

Em Praga, antes de voarmos para Moscou, encontramos outra delegação de brasileiros, essa de Partidários da Paz, um dos braços do Partido. Um general reformado, o general Cavalcanti, a chefiava. Era comum militares nacionalistas, após a reforma, querendo continuar de algum modo na ativa, procurarem uma das organizações ligadas ao Partido.

— Esse foi o general que nos coube — segredou-me um companheiro, não muito animado.

Nordestino, atarracado, sem pescoço, o general apresentou-se no saguão do hotel Alcron, onde nos hospedávamos, num terno de linho caroá, numa noite em que a temperatura estava 10 graus abaixo de zero. Ambas as delegações haviam sido convidadas para uma sessão de cinema. Alguém alertou:

— General, está muito frio, é bom o senhor trocar de terno, colocar um sobretudo.

— Que o quê! Isso é pra vocês, que são frouxos. Eu sou macho.

Toda a delegação encapotada, mas não houve quem convencesse o general a se agasalhar. No cinema, o filme já em meio, ouviu-se uma voz:

— Acendam a luz! O general está roxo!

Jogaram um capotão em cima dele, massagens, o general, quase em rigidez cadavérica, foi-se recuperando aos poucos. Como macho, iria morrer, mas não daria o braço a torcer.

Ao chegarmos a Moscou, as duas delegações se separaram. Ficamos num velho hotel, próximo à Praça Vermelha; o quarto que dividia com Cláudio Santoro lembrava cenário de peça de Tchekov, com suas pesadas cortinas de veludo verde, seus sisudos armários de madeira trabalhada. Pensamentos estranhos assaltavam-me à noite, deitado num colchão de molas que rangiam a cada movimento que fazia; teria Dostoievski alguma vez dormido ali? E sonhava com a visita inopinada dos irmãos Karamazov, carregados de demônios, expelindo-os pelo nariz, pelos olhos, pela boca, por todos os orifícios do corpo. Encharcado de literatura russa, buscava por toda Moscou marcas dos passos de Tolstói, Gogol, Puchkin. E ansiava por ir aos teatros, entrar em contato com escritores soviéticos, principalmente dramaturgos. Mas nosso roteiro de visitas era programado obedecendo aos interesses da maioria da delegação (ou o que os russos imaginavam que deveriam ser esses interesses), tinha que passar os dias correndo fábricas, escolas, *kolkoses*, nada que me tocasse particularmente, embora tudo isso fosse muito importante, concordava, para a construção do socialismo. Somente quando já estava para voltar ao Brasil resolvi demonstrar meu inconformismo.

— Não vim aqui para visitar fábricas e aprender como se fabricam rolimãs — esbravejei.

E saíram catando um autor teatral russo, com quem fui encontrar-me num restaurante. Comecei fazendo perguntas sobre liberdade de criação, e ele respondendo evasivamente, com estranheza, como se estivesse diante de um agente provocador. Travamos então um reticente e improdutivo diálogo mediado pelo intérprete, Vladimir, que, apesar de não falar português (só nos entendíamos em espanhol) e adorar tangos, tinha muito mais informações sobre o Brasil do que eu. Mas minha bronca surtiu efeito, pude então assistir emocionado ao *Tio Vânia* no Teatro de Arte, embora não entendendo uma palavra da língua, aplaudir, no Bolshoi, a grande Lepechinskaia, no balé *A chama de Paris*, e também, com toda a delegação, à *Aida,* de Verdi, numa produção monumental com centenas de figurantes e dezenas de elefantes desfilando ao som da grande marcha que durava, sem exagero, quase meia hora. Esse monumentalismo incomodava-me um pouco, como o luxo ostensivo das estações do metrô. Mas eu ainda não havia desenvolvido suficientemente meu senso crítico em relação aos desvios soviéticos. A empolgação revolucionária levava-nos a fechar os olhos a toda e qualquer discordância ideológica, relegando-as a pequenos senões, sem significação diante da causa maior, a construção da sociedade socialista. É claro que ainda não tínhamos conhecimento da profundidade desses desvios, principalmente dos crimes de Stálin, que acabara de morrer, deixando no mundo todo milhões de inconformadas viúvas.

Os russos nos propuseram conhecer outra república soviética, e a escolhida pela maioria foi o Uzbequistão. Antes de seguirmos, fomos alertados para um costume local, um prato tradicional, carneiro com arroz, que, se servido, não poderia ser recusado, sob pena de se incorrer em grave ofensa. De sorte que, já em Tashkent, capital do Uzbequistão, toda vez que éramos convidados para almoçar ou jantar — e isso era todos os dias —, alertávamos uns aos outros sobre o tal "carneiro com arroz". Era preciso deixar um espaço no estômago para a cívica iguaria. Mas os ágapes se sucediam, regados a vodca, e nada de servirem o famigerado mamífero. Chegamos a pensar que os camaradas de Moscou haviam feito uma brincadeira conosco e que não existisse tal prato. A inevitável visita a um *kolkoz* cuidado por camponeses centenários (vários haviam ultrapassado a marca dos 100 anos), num domingo friorento, colocou-nos diante de uma gigantesca e farta mesa armada na sede da fazenda, repleta de pratos frios, deliciosos acepipes. Começamos a comer e beber — o passeio pelo campo nos havia despertado o apetite. Conforme o hábito soviético, de minuto a minuto, um brinde e a obrigação de ingerir até o fim um cálice de vodca; não fazê-lo era também grave ofensa. E, para neutralizar os efeitos do álcool, tínhamos que comer. Uma hora depois, estávamos todos não só bêbedos como empanturrados. De minha parte — e acho que todos se encontravam na mesma situação —, não conseguiria engolir mais um só caroço de feijão. E foi aí que veio o prato principal — o carneiro com arroz. Ali estava ele, imenso — o nosso pânico fazia parecer maior ainda —, desafiando-nos, esfingético: "devora-me ou decifro-te." Após longo silêncio, do tamanho de nossa impotência, em que desejamos que algo acontecesse, quem sabe um terremoto ou uma revolta camponesa, uma bomba atômica, algo que nos salvasse, começamos a nos servir, lenta, resignadamente, como quem marcha para uma morte previsível.

Saímos dali e fomos assistir ao *Othelo* num dos mais belos teatros do mundo, o Teatro Dramático, de Tashkent, obra-prima da arquitetura e do artesanato usbeques, cuja primeira fila da plateia estava reservada a nossa delegação. *Othelo* no idioma nativo soava estranho; mesmo assim, qualquer um de nós tinha suficiente intimidade com o texto shakespeareano para vencer a barreira da língua e se emocionar com o belíssimo espetáculo. Nosso intérprete informou-nos que o ator principal, Abror Idoiatov, havia já 13 anos, representava três vezes por semana o ciumento Othelo. Num cálculo rápido, concluí que ele já havia assassinado Desdêmona mais de 1.500 vezes, o que me fez ficar preocupado com a saúde de sua relação conjugal. Foi uma noite inesquecível, pena que alguns de nós, lamentavelmente, tivéssemos deixado nos soberbos tapetes orientais que forravam toda a plateia as marcas da indigestão provocada pelo famigerado carneiro com arroz.

Regressamos a Moscou para as comemorações do Primeiro de Maio. Mas antes deveríamos cumprir um ritual repetido por todas as delegações estrangeiras, levar uma coroa de flores ao túmulo de Lênin, na Praça Vermelha. Coube-me carregá-la nos ombros, com mais três companheiros. A foto, batida por misterioso fotógrafo, enquadrava-me em primeiro plano — como esse flagrante foi parar nas mãos de Carlos Lacerda, no Brasil, nunca se soube.

Em cada solenidade a que comparecíamos, um de nós era designado para falar em nome da delegação. Eu, alérgico à oratória, sempre me esquivava. Mas, quando visitamos a redação do *Pravda*, José Geraldo Vieira exigiu que eu falasse. E, como eu dirigia uma emissora de rádio no Rio, pediram-me para falar sobre a liberdade de informação entre nós. A sugestão partiu dos não comunistas, interessados em catucar os russos, notadamente de Olímpio Guilherme, que vinha desenvolvendo atitude pouco simpática ao regime soviético; suspeitavam até, injustamente, de que ele fosse agente da CIA (eram os tempos burros da Guerra Fria; se a viagem fosse aos Estados Unidos, eu, provavelmente, seria taxado de espião da KGB). Achei que tinha o dever de desmistificar a falsa liberdade existente entre nós, tão falsa, que eu havia sido demitido e perseguido por ter levado ao ar um programa que criticava a Conferência de Quitandinha. Meu discurso causou terrível mal-estar em boa parte da delegação. O próprio José Geraldo Vieira achou-o de mau gosto. E Olímpio Guilherme pediu a palavra para dizer que não estava de acordo, aproveitando a oportunidade para atacar a falta de liberdade de expressão na União Soviética. Cada frase sua era vertida para o russo por Vladimir, Olímpio cada vez mais violento em seu libelo. E, para nosso espanto, os russos sorriam e balançavam a cabeça, afirmativamente, aprovando todas as acusações e acabando por aplaudir, calorosamente, o próprio Olímpio, perplexo. Só mais tarde Vladimir, que era um gozador, confidenciou-me: havia invertido todo o sentido do discurso.

Foi justamente após a monumental parada de Primeiro de Maio — despropositada exibição de poderio bélico —, que recebi um telegrama de Janete. Pedia-me para regressar imediatamente; o próprio Marques Rebelo reforçava o pedido; minha situação na rádio estava insustentável. Sem ainda ter ciência do acontecido, desliguei-me da delegação e peguei o primeiro avião para Praga. De lá, via Paris, regressei ao Rio.

Comigo regressava também Olímpio Guilherme, que não se fartava de elogiar as delícias do mundo capitalista, em detrimento da chatice do sistema soviético. Olímpio fora, em décadas passadas, galã de filmes em Hollywood, talvez o primeiro ator brasileiro a conseguir tal façanha. Agora, com seus 50 e poucos anos presumíveis, conservava ainda resquícios de sua aventura cinematográfica; era um belo homem, vaidoso de seus dotes físicos. Embora austero pai de família, conceituado executivo de grande empresa, confessava-se patologicamente atraído por prostitutas. Durante todas as noites que permanecemos em Paris à espera do voo de volta ao Rio, rumava à Rua Pigale em busca de prazer. Chamei sua atenção quando me disse que nem sequer usava preservativos.

— Não acha perigoso? Você, um homem casado, se pega uma gonorreia...

Ele sorriu, com a superioridade que lhe davam seus 20 e muitos anos a mais do que eu.

— Sou um homem experiente, garoto. Não pense que me arrisco. Primeiro, observo detidamente uma por uma, até escolher a que me parece mais saudável. E daí em diante, não pense que fico trocando de mulher todas as noites — esse, o erro que cometem os inexperientes, como você — só vou com ela, a mesma. Isso diminui os riscos em 99 por cento.

Já com o avião sobrevoando território brasileiro, vi Olímpio subitamente meter a mão por dentro da cueca e retirá-la, lívido, transtornado.

— Não é possível... e, agora, dois meses fora de casa, que desculpa vou dar a minha mulher?

12

Após as ansiadas demonstrações de carinho e saudade (eu estivera dois meses fora), Janete mostrou-me um exemplar da *Tribuna da Imprensa*, na primeira página, minha foto carregando a coroa de flores na Praça Vermelha, sob a manchete: DIRETOR DA RÁDIO CLUBE LEVA FLORES PARA STÁLIN COM DINHEIRO DO BANCO DO BRASIL. Nem as flores eram para Stálin, que naquele momento nem túmulo tinha ainda, e tampouco o dinheiro viera de qualquer banco, era do "agiota de esquerda" que nem por motivos ideológicos deixou de cobrar-me, tostão a tostão, com juros. Mas na campanha contra Getúlio, pegando Samuel Wainer de tabela, valia tudo. E eu levava as sobras. Creio que bastante constrangido, Marques Rebelo cumpriu a ordem de Wainer: demitiu a mim e ao maestro Cláudio Santoro (um dos maiores compositores que este país já teve, do nível de Villa-Lobos, e cuja obra ainda não foi devidamente avaliada). Samuel oculta esse fato nada abonador em seu livro de memórias. Como tinha ainda um ano de contrato, recebi um monte de promissórias, que nunca consegui descontar, mesmo porque a Rádio Clube, no desenrolar dos acontecimentos políticos, perderia seu canal (e Janete também perderia o emprego). Estávamos desempregados e sem recursos até mesmo para pagar as prestações do apartamento. Inexperiente, assustado com a responsabilidade de ter filhos para educar, devolvi o apartamento ao banco que o financiara, e mudamo-nos para uma casa alugada na Rua Saturnino de Brito, no Jardim Botânico.

Repetia-se o que ocorrera em 1947, com o agravante de que, agora, estávamos mesmo em pleno macartismo; nos Estados Unidos, o Comitê de Atividades Antiamericanas proibia de trabalhar todo e qualquer cidadão suspeito de simpatia pelos ideais socialistas, e Arthur Miller, um dos atingidos, escreveria mais tarde em sua autobiografia: "Por todo lado, professores eram demitidos por suas ligações e suas ideias, verdadeiras ou presumidas, e o mesmo acontecia com cientistas, diplomatas, carteiros, atores, diretores, escritores — como se a 'verdadeira América' estivesse se levantando contra tudo o que não era facilmente compreensível, tudo o que fosse ou parecesse estrangeiro, tudo que não se conformasse com a noção de que os Estados Unidos eram inocentes e puros num sinistro mundo de vileza além de suas fronteiras." Somente um macaquismo macartista podia explicar que dois conceituados profissionais da escrita e da música fossem demitidos de seus empregos apenas por terem viajado à União Soviética. Num arremedo caboclo (e a Cruzada Brasileira Anticomunista e o caricatural almirante Penna Boto tudo tinham a ver com o quadro pintado por Miller), fui incluído numa "lista negra", juntamente com Cláudio Santoro, meu companheiro de viagem. Não sei se éramos os únicos nomes dessa lista, se ela não chegou a completar-se graças à mudança de rumos políticos que ocorreria nos anos seguintes, já que outros companheiros continuavam empregados. O fato é que, tal como em 1947, embora aqui não houvesse nenhum convênio entre os empregadores, andei de emissora em emissora, de jornal em jornal, revista em revista, sem que ninguém me quisesse empregar. Edison Carneiro — outra amizade que eu herdara de meu irmão — tentou ajudar-me, encomendou-me um artigo para uma revista que dirigia e, constrangido, explicou-me mais tarde que o artigo só sairia se meu nome fosse suprimido. Eu estava marcado. Comecei a escrever uma nova peça de teatro, mas precisava de tempo e tranquilidade para desenvolvê-la. Foi um momento crucial, que me levou a refletir profundamente, levado por irracional sentimento de culpa. Afinal, que fizera eu de errado? Por um instante senti-me derrotado e, embora Janete jamais tivesse para mim uma palavra sequer de censura, percebia que intimamente me censurava, descobria inexistentes reflexos de reprovação em seu olhar.

A televisão estava dando seus primeiros passos; no Rio, havia apenas um canal, o da Tupi, onde eu já tentara ser admitido, sem sucesso. A emissora não tinha escritores contratados, os programas eram pagos a cachê. Como meu nome era sistematicamente recusado, resolvi criar autores fantasmas, em nome dos quais escreveria. Dois amigos e minha própria mulher dispuseram-se a assinar e negociar esses textos. Os amigos foram Moisés Weltman, que viria a alcançar sucesso na TV Manchete, e Paulo de Oliveira, meu assistente na Rádio Clube, que chegaria mais tarde a diretor comercial da própria TV Tupi, graças ao prestígio que conseguiu assinando meus programas. Ambos eram praticamente desconhecidos, do mesmo modo que Janete. Os cachês eram miseráveis, o que me obrigava a escrever teleteatros, *shows*, programas humorísticos, o que aparecesse, a fim de conseguir o suficiente para sobreviver (muitos anos mais tarde, indo aos Estados Unidos, assisti a um filme de Woody Allen, *The Front*, e fiquei perplexo ao ver a "minha história" na tela, ainda que às avessas; no filme, Woody era o testa-de-ferro de três autores da *black list*, enquanto eu tinha três testas-de-ferro). Assim sobrevivi durante nove meses. Um dia descobri que Raimundo Magalhães Jr., que escrevia um teleteatro semanal, o *Teatrinho Kibon*, havia deixado de fazê-lo. Logo escrevi uma comédia nos moldes do programa e levei-a à Standard Propaganda, que detinha a conta da Kibon. Lá tive a grata surpresa de encontrar como diretor do Departamento de Rádio e Tevê um velho amigo, Sangirardi Jr., homem de esquerda, embora não pertencesse ao Partido. Inteligente, bonachão, Sangirardi era o que se chamava, no jargão partidário, um "simpatizante". Expliquei-lhe o meu caso, como estava sobrevivendo, e pedi-lhe que assinasse minha peça, recebendo por mim o cachê. Sangirardi pediu-me para passar na semana seguinte e, quando voltou a me receber, comunicou-me:

— Sua peça está programada para a próxima semana. E irá no seu nome.

— Você estragou tudo — respondi, em pânico. — Eles não vão aceitar, eu lhe expliquei...

— Calma. Eles vão ter que colocar seu nome nos créditos porque é ordem do presidente da Standard, Cícero Leoenroth.

— Como assim?

— Eu fui a ele e disse que havia lido um texto engraçadíssimo, ótimo para o *Teatrinho Kibon*, escrito por um rapaz muito inteligente e muito viajado, que conhecia o mundo todo, havia ido até mesmo à União Soviética. Assim, se alguém dedurar você, não vai mais surtir efeito, ele já sabe e mandou programar a peça.

Na semana seguinte, apesar da tentativa de um senhor chamado Mário Provenzano, diretor da TV Tupi, de impugnar o texto, ele foi ao ar e agradou tanto, que fui imediatamente contratado pela Standard para continuar escrevendo o teleteatro, semanalmente. E, assim, consegui sair da lista negra. No ano seguinte, a agência incumbiu-me de produzir um programa para a Rádio Nacional, sob o patrocínio da Bayer. Criei *Todos cantam sua Terra*, uma espécie de *show* semanal, tendo como tema o folclore de cada estado da federação, o que me obrigava a realizar pesquisas que me seriam muito úteis nas peças que escreveria mais tarde, enriquecendo o universo temático de minha dramaturgia. Paulo Gracindo era o narrador desse programa, que tinha como arranjador o maestro Guerra Peixe. Dois anos depois, a Rádio Nacional contratava-me para escrever um radioteatro semanal, o *Grande Teatro*, nada mais, nada menos do que meu primeiro programa na Panamericana, radiofonizações de grandes obras da literatura universal, que eu manteria no ar até março de 1964, quando sobreveio o golpe militar.

Quando Jayme Costa leu o primeiro ato de *Os cinco fugitivos do Juízo Final*, não escondeu seu entusiasmo (se bem que entusiasmo um tanto desconfiado; eu só tinha pronto o primeiro ato). Sua temporada naquele ano de 1954 ia muito mal. Casas fraquíssimas, o velho ator via seu público, que sempre lhe fora fiel, escorrer por entre as cadeiras vazias. Sentiu que o teatro estava mudando, um sopro renovador ameaçava expulsar dos palcos tudo que fosse "velho". A encenação de um autor jovem, com um diretor também jovem e um elenco de jovens e talentosos atores, parecia receita certa e inequívoca demonstração de vontade de renovar-se. Antes mesmo que eu lhe entregasse o segundo ato, já havia convidado Bibi Ferreira para a direção (Bibi acabara de dirigir *Senhora dos afogados*, de Nelson Rodrigues, em cuja estreia, no Teatro Municipal, ocorrera um fato inusitado, o autor fora vaiado e a diretora, ovacionada) e formado um elenco de atores em início de carreira, como Nathalia Timberg, Theresinha Austregésilo, Maurício Sherman, Magalhães Graça. Os cenários seriam do também jovem Fernando Pamplona. Quando a peça entrou em ensaios, as expectativas eram as melhores possíveis, e minha ansiedade, ilimitada — eu voltava, enfim, ao teatro, depois de 10 anos; nadava num mar de euforia.

Era um dia estranho aquele 24 de agosto. Dirigindo meu velho Kaiser 50 pela Praia do Flamengo em direção à Presidente Vargas, onde ficava a Standard Propaganda, eu sentia o ar pesado, como um manto de chumbo. Na noite da véspera, após assistir aos ensaios de *Os cinco fugitivos do Juízo Final,* no antigo Teatro Glória, na Cinelândia, a caminho de casa, passara em frente ao Palácio do Catete e decidira estacionar o carro para observar. Havia grande aglomeração. Falava-se na deposição iminente de Getúlio Vargas, dizia-se que o ministério estava reunido, havia boatos estapafúrdios de que o Palácio seria invadido, bombardeado; muitos estavam ali, como eu, para assistir a um espetáculo histórico; o povo, envenenado pela campanha maciça das oposições (que incluíam o Partido Comunista), parecia mesmo desejoso de livrar-se daquele que levara ao poder quatro anos antes. Pensei na volubilidade das massas, tão fáceis de manobrar, tão sensíveis ao aboio dos caudilhos. Entrei num bar que fazia esquina com a Rua do Catete; de lá via-se bem o Palácio com suas águias nos quatro cantos do telhado. Pedi um chope e fiquei observando. Estava confuso. Não discutia a linha do Partido, mas temia pelo que viesse a acontecer. Livrávamo-nos de Getúlio e ficávamos nas mãos de quem? De Lacerda? Dos generais que traíam Vargas naquele momento? Alguém gritou "Morra, Getúlio!". Um grito isolado, na madrugada, que resvalou nos rostos tomados de ansiedade, todos parecendo aprová-lo. Era uma noite fria, muito mais fria do que marcava a coluna de mercúrio, contrastando com o calor da insurreição.

Cheguei à Standard às 8h30, como sempre. Mal entrei na minha sala, percebi as fisionomias tensas. Sangirardi aumentou o volume do rádio, e todos puderam escutar, perplexos, Heron Domingues, locutor do *Repórter Esso*: "Atenção, atenção! O presidente Vargas acaba de suicidar-se com um tiro no coração." Todos nos olhamos sem saber o que dizer, sem ação e sem voz, como se o tiro tivesse ricocheteado em todos nós. Vi que as secretárias choravam. Senti um calafrio seguido de uma pontada na boca do estômago, as cenas da noite anterior vieram-me à mente, desordenadas, aumentando ainda mais minha confusão e meu desconforto. Uma ânsia de vômito levou-me até a janela que dava para a Candelária; vista do oitavo andar, a cidade estava tranquila, as pessoas se movimentando em câmara lenta; nada prenunciava que iria incendiar-se dentro em pouco, convulsionada pela revolta e pela súbita tomada de consciência daquele mesmo povo que, na véspera, gritava "Morra, Getúlio!" O grito seria substituído por "Morra, Lacerda! Morra o Imperialismo Americano!", como se a história tivesse dado uma volta sobre si mesma, num giro de 180 graus. Disse a Sangirardi que não tinha condições de trabalhar, nem esperei que ele me respondesse, ganhei a rua, a Avenida Rio Branco repleta, as bancas de jornais cercadas pelo povo em busca de notícias, a *Última Hora* disputada a tapa, enquanto o Partido recolhia às pressas a edição da *Tribuna Popular*, cuja manchete pedia a deposição de Getúlio. Naquele momento não tinha ainda a possibilidade de avaliar a extensão desse equívoco, mas me senti subitamente constrangido e carregado de culpa. Perto dali, o povo apedrejava a embaixada americana, invadia e incendiava as redações dos jornais antigetulistas, queimava carros de reportagem de *O Globo*. Fui andando em direção à Rua do Lavradio, arrastado por uma multidão que também se dirigia para lá, uivando como um leão de mil cabeças, ferido e sedento de sangue. O prédio onde funcionava a *Tribuna da Imprensa* já estava sitiado pela turba em fúria. Alguns já haviam entrado para empastelar as oficinas, centenas se aglomeravam diante do velho sobrado, gritando slogans, portando cartazes, jogando pedras. Num impulso repentino, apanhei um pedregulho e atirei contra uma vidraça. Olhei em volta, encabulado, buscando testemunhas de meu gesto, vi um rabino em seu terno negro, a barba branca, seu olhar translúcido nada me disse; baixei o rosto e me afastei apressado, envergonhado de meu oportunismo.

Somente em casa, após um demorado banho de chuveiro, como se quisesse lavar-me de uma culpa que estava entranhada em minha pele, pude refletir sobre o que havia acontecido. Um simples gesto havia feito o que tantos e tantos anos de doutrinação não tinham conseguido. E o mais importante (ou decepcionante?) é que não só a massa alienada passava repentinamente a enxergar, nós também, os mais politizados, nos corrigíamos de grave estrabismo histórico. As frases da carta-testamento, repetidas por todas as rádios durante todo o dia, machucavam-me por dentro e acendiam uma luz em minha imaginação de dramaturgo: descobri naquele momento uma grande personagem trágica e contraí para com ela uma dívida que só viria a saldar 14 anos depois, quando escrevi *Dr. Getúlio, sua vida e sua glória*, em parceria com Ferreira Gullar.

Naquele dia não houve ensaio, nem no dia seguinte — Jayme Costa, getulista convicto, estava arrasado. E nos encontrávamos às vésperas da estreia. Influenciado pela tragédia, Jayme redigiu uma carta aberta, que enviou a todos os jornais, um dramático apelo que lembrava a carta-testamento de Vargas. "Quando um artista resolve dirigir-se pela última vez a um público que o prestigiou, é porque algo de grave se passa em sua vida." Lamentava-se do abandono do público, do fracasso de suas últimas temporadas, e dizia que estava acompanhando a "chamada evolução autoral", apresentando agora um texto arrojado, "uma peça que foge da rotina de nossos repertórios (...) um elenco dos mais caros (...) uma diretora cuja competência é com justiça por todos proclamada". E terminava, no mesmo tom da carta-testamento: "Que mais poderei fazer para o êxito de um espetáculo? Dei-lhes tudo!... Esse brado tem para mim um sentido, um fim". A todos pareceu que era a carta de um suicida (ou seria apenas um golpe de marketing!). Se o público não viesse, ele seguiria o caminho do presidente morto. Preocupados, seus amigos passaram a se revezar em constante vigilância, seguindo-lhe todos os passos, na expectativa de um gesto tresloucado. A todos esses acontecimentos, que tumultuaram os últimos ensaios, juntou-se a ausência plenamente justificada de Bibi Ferreira, internada numa maternidade para dar à luz.

A crítica, de um modo geral, foi generosa para com o texto e o espetáculo. Mas o público não atendeu ao apelo dramático de Jayme Costa, *Os cinco fugitivos* foi um fracasso de bilheteria. Jayme não se suicidou, e o teatro brasileiro não perdeu por isso um de seus talentos histriônicos mais autênticos. Ao contrário, após alguns anos em que o movimento de renovação cênica, tomado por um preconceito burro, alijaria do palco os velhos atores, ele daria a volta por cima, integrando-se nesse mesmo movimento e nos dando atuações soberbas. Outros, de sua geração, não o conseguiram, como Modesto de Souza, que recusou um contrato no TBC por não admitir a abolição do ponto, achando isso um desrespeito ao ator. Companheiros de Partido, ele mais à esquerda do que eu, fomos muito amigos. Quando fui demitido da Rádio Clube e penava à procura de emprego, ele me viu um dia descendo de um ônibus, pois tinha acabado de vender o carro, um velho Cadilac 47.

— Ué, cadê o Cadilac?

— Comi — respondi.

Modesto era pequenino, meio calvo, elétrico, alagoano de nascimento e gesticulava como um napolitano. Fomos tomar uma cerveja no Simpatia, ponto de encontro de artistas; ele também estava desempregado, fato comum aos atores da época que normalmente trabalhavam seis meses e tinham de economizar para sobreviver no semestre seguinte. A televisão ainda não propiciava a estabilidade que propicia hoje. Informou que tinha uma solução para o nosso desemprego.

— Vamos construir um teatro — disse, com o indicador apontado, quase me atingindo um olho.

Para dois desempregados, que não tinham um tostão, era uma ideia estapafúrdia, um sonho quase impossível. Mesmo assim, passamos a sair todos os dias em busca de local. Tinham entrado em moda, logo após a guerra, os teatrinhos de bolso, casas minúsculas de 100 a 150 lugares. Achamos uma boate no Posto 6, o dono queria alugá-la. Com uma boa reforma poderia transformar-se num pequeno teatro, como sonhávamos. Falei sobre o assunto com um amigo, Roberto Souza Costa, que havia construído os estúdios da Rádio Bandeirantes, em São Paulo, levei-o até lá e pedi conselho sobre como viabilizar o projeto.

— Deixe comigo. Eu faço o teatro pra você e depois discutimos como você vai pagar.

Emocionado, agradeci. Não imaginava ter um amigo tão generoso. Censurei-me, intimamente, por não ter até aquele momento correspondido a uma amizade tão desprendida. Na semana seguinte, Roberto entrou com seus homens e demoliu toda a boate. Garantiu-me que em três meses o nosso teatro estaria pronto para funcionar. Poderia até já ir escolhendo a peça de estreia. Só teria que arrumar dinheiro para pagar o aluguel do espaço até lá. Fui a Bibi Ferreira e pedi permissão para dar seu nome à nova casa de espetáculos. Bibi modestamente (ou porque não acreditasse) declinou da honraria. Insisti e tomei seu silêncio por assentimento.

Três meses depois, as ruínas da boate ainda lá estavam, como se por ali tivesse passado um tornado, e Roberto tinha sumido, viajado, o dono da boate ameaçando-me com uma ação judicial, eu já com dois meses de aluguel atrasado e sem condições de sustentar a situação. E o sonho acabou. Roberto talvez fosse meu amigo, mas era louco, como eu e Modesto. Na noite em que demos por encerrado nosso projeto, eu o levei até a estação do bondinho de Santa Teresa. Gesticulando como nunca, cuspindo insultos contra Roberto Souza Costa e "esses capitalistas filhos da puta", ele tomou o bonde, queixando-se de uma horrível dor de cabeça. Preocupei-me, sugeri que passássemos numa farmácia, ele não quis, a mulher o esperava em casa, e aquela dor de cabeça vinha-lhe todas as noites. Tomaria um comprimido, que já levava no bolso, e a dor desapareceria. E, como das outras vezes, repetiu o ritual, antes de dormir. No dia seguinte, a mulher, Laurita, lembrou-se de que ele lhe pedira para costurar o botão da cueca, que havia caído.

— O botão está no bolso do paletó.

— Não está, Modesto, já procurei. No bolso só encontrei o comprimido.

Ele engolira o botão. E o estranho é que a dor passara, como das outras vezes.

Minha contratação pela Rádio Nacional permitiu-me abandonar a Standard Propaganda, após três anos. A sensação que tinha era a de haver desperdiçado três anos de minha vida. Nunca odiei mais um trabalho do que aquele de passar os dias escrevendo textos de publicidade. Certa vez, durante uma reunião de "talentos" da agência a fim de criar um slogan para o sorvete Kibon, reunião que já durava três horas, sem que surgisse a ideia genial, propus o seguinte raciocínio:

— Vejam só, enquanto nós estamos aqui, dez pessoas inteligentes, responsáveis, pais de família, há horas e horas quebrando a cabeça para descobrir uma frasezinha para vender sorvete, existem outros homens que estão neste mesmo momento preparando uma viagem à Lua.

Somente Sangirardi riu, os demais me olharam, chocados, como se eu tivesse proferido uma heresia. Talvez porque me achasse destinado a outro tipo de atividade, sentindo-me deslocado num mundo que não era o meu, frustrava-me tanto. Embora o rádio também não fosse o meu caminho, era pelo menos mais divertido. O fracasso de *Os cinco fugitivos do Juízo Final* adiara meu retorno ao teatro. As forças do destino ainda não conspiravam a meu favor. Em compensação, tinha agora uma linda filha, Denise, e Janete lançava, também pela Rádio Nacional, sua primeira novela de sucesso, *Perdão, meu filho*, passo importante em sua carreira.

13

Começamos a tomar conhecimento do Relatório Krushev, condenando o culto à personalidade e denunciando os crimes de Stálin, pela chamada "imprensa burguesa". As primeiras notícias eram imprecisas, confusas e nos deixavam mais confusos ainda. Por fim o relatório completo, terrível, que nos nocauteou a todos. Parecia inacreditável. Eu, particularmente, me sentia traído. Haviam-me feito acreditar na integridade de um regime capaz de abrigar um monstro. E esse monstro era o "Pai" Stálin. E por que, durante tanto tempo, esses crimes haviam sido ocultados se eram do conhecimento de muitos? E entre esses muitos não estariam alguns dirigentes de nosso próprio Partido? Como poderia continuar confiando neles? As perguntas, as dúvidas, uma sensação de perda de rumo, o piso oscilando, como se vítima de uma labirintite ideológica; o Partido, oficialmente, desmentia tudo, qualificava de mera intriga fomentada pelo anticomunismo internacional. Uma delegação que assistira, como convidada, ao XX Congresso do PC da União Soviética, onde fora apresentado o tal relatório, iria esclarecer tudo quando chegasse. Mas, inexplicavelmente, essa delegação retardava seu regresso, como se temesse pelos danos que iria causar a bomba que trazia na mala. Assim, somente oito meses após a denúncia de Krushev, o Partido abriu oficialmente o debate. Tarde demais. A discussão já se fazia em todas as bases, e a cisão era um fato, principalmente na área intelectual; vários companheiros abandonavam um barco que agora parecia ter sido torpedeado, prestes a naufragar.

Foi na minha própria casa, na Rua Saturnino de Brito, a reunião de nosso organismo de base em que Agildo Barata, membro do Comitê Central, tentou pela primeira vez explicar o inexplicável. Era tudo verdade, sim, graves desvios haviam ocorrido na construção do socialismo na União Soviética, que todos devíamos repudiar. Mas o PCUS já começava a corrigir esses erros, e nós o devíamos elogiar por ter tido a coragem de denunciá-los ao mundo. Devíamos também fazer o mesmo em nosso próprio Partido, uma autocrítica levada às últimas consequências, que extirpasse para sempre o culto à personalidade, apontado como causa de todos os males. Não senti convicção nas palavras de Agildo, nada da veemência que o caracterizava na defesa de seus pontos de vista. Parecia que tinha vindo ali cumprir uma missão de rotina, apenas. Terminada a reunião, pedi que esperasse um pouco, e ficamos os dois, frente a frente, eu buscando o fundo de seus olhos.

— E agora, companheiro? — perguntei.

— Já disse qual deve ser o nosso procedimento.

— E você acha que isso resolve tudo?

Ele desviou o olhar para o bico de seus próprios sapatos; ficou assim tanto tempo, que parecia ter-se desligado de minha pergunta. Depois, levantou-se, pôs a mão no meu ombro e sorriu. Pensei que ia dizer alguma coisa, mas não disse, voltou-se e foi embora. Daí a alguns meses seria expulso do Partido.

Subi para meu quarto; Janete já estava dormindo e despertou, assustada, vendo-me sentado na borda da cama, vergado sobre mim mesmo, olhos cravados no chão. Não existe angústia maior do que querer chorar e não conseguir.

— Que está acontecendo?

— Nada. Vá dormir.

— Não adianta querer me esconder, eu ouvi quase tudo daqui. É horrível. Por que você não deixa o Partido?

Não respondi, não saberia responder. Ela se virou de lado e cerrou os olhos. Mas o diálogo continuou na minha imaginação.

— Já pensou que pode ser uma grande tolice essa sua ideia fixa de mudar o mundo?

— Mas, sem essa tolice, que sentido pode ter a vida?

A AUDACIOSA COMPRA a prazo de uma casa na Rua Resedá, quando tínhamos dinheiro apenas para a entrada, levou-nos, a mim e a Janete, a um regime de trabalho absorvente. No rádio, ganhávamos pelo que escrevíamos, e era preciso debruçar-se na máquina dia e noite para cobrir as prestações. Janete fazia sucesso com suas novelas na Nacional, e eu me preparava para escrever *O pagador de promessas*, peça na qual me colocaria por inteiro, minha vivência, minhas certezas e incertezas, minha visão de mundo, minhas angústias, tudo que tinha represado na mente, num processo angustiante de gestação desenvolvido principalmente naqueles últimos anos da década de 1950. Eram ideias informes, sensações não explicitadas que carregava comigo e que pediam para vir à tona. Nunca consegui desenvolver uma ideia sem antes encontrar a forma como expô-la. Sempre achei que cada tema tem sua forma própria, daí talvez certa heterogeneidade formal e a diversidade de estilos em meu teatro. O achado surgiu, paradoxalmente, de uma notícia de jornal, um telegrama de uma agência noticiosa dando conta do cumprimento de uma promessa feita por um ex-soldado alemão: paralítico em consequência dos ferimentos recebidos na guerra, ele prometera carregar uma cruz até a gruta da virgem de Lourdes, se a santa o fizesse voltar a andar. A notícia tocou-me fundo — aquilo era muito nosso, muito de meu povo da Bahia. Lembrei-me de imediato da minha infância, daquela estranha promessa feita por minha mãe de assistir a missas em todas as igrejas de Salvador, importando em sacrifício idêntico. Vibrei, encontrara o tom e a forma da minha peça. A partir daí a saga de Zé do Burro foi-se desenvolvendo em minha mente, incorporando lembranças da infância, elementos de minha formação cultural e religiosa, crises existenciais, pesquisas folclóricas — tudo isso amalgamado numa história bem brasileira e cujo sentido final eu só viria a apreender depois de a peça concluída. Foram vários meses de trabalho durante os quais me proibi de assistir a qualquer espetáculo ou de ler qualquer coisa que pudesse influenciar-me. Quando terminei, estava satisfeito comigo mesmo, tinha consciência de que havia escrito uma boa peça; Janete lera e confirmara, emocionada; mas tinha necessidade de submetê-la à apreciação de alguém totalmente insuspeito. Levei o texto para Edison Carneiro — grande folclorista e fraterno amigo —, pedi que lesse e me desse uma opinião sincera. No dia seguinte, Edison ligou-me, expressando-se em seu linguajar bem baiano.

— *Sêo* menino, você escreveu uma peça porreta.

Eu não tinha mais dúvidas. Mesmo assim, reuni um grupo de amigos, li para eles. A reação foi calorosa. Um deles, Pascoal Longo, sugeriu que eu levasse o texto para a Escola de Teatro da Bahia, com grande prestígio naquele momento. A ideia seria a de que o grupo baiano excursionasse com ela, como fizera o Teatro de Amadores de Pernambuco três anos antes com *O Auto da Compadecida*, revelando Ariano Suassuna. Entusiasmei-me com a ideia e parti para Salvador. Aproveitaria a oportunidade para fazer algumas pesquisas, conferindo certas informações, já que a peça respirava baianidade. Eu estava há alguns anos sem ir a minha terra natal. Ouvira falar da Escola de Teatro, que contava com professores de alto gabarito e atores profissionais, mas nunca a tinha visitado. E foi com enorme emoção que adentrei o casarão em que se localizava, no bairro do Canela — ali morara meu tio Alfredo Soares da Cunha; ali, na minha infância, nos jardins que o circundavam, à sombra das mangueiras e cajueiros, eu mesmo brincara de picula e polícia e ladrão com meus primos, e jogara futebol. Quem sabe uma simpática armadilha preparada pelo destino? Mas não. Entreguei a peça a Martin Gonçalves, diretor da Escola, que me recebeu com ar meio *blasé* de nobre inglês — devia julgar-se uma simbiose de Oscar Wilde e Lawrence Olivier, e certamente nunca ouvira falar em mim —, folheou o texto displicentemente e o colocou numa estante, prometendo lê-lo. Nunca o fez. Um ano depois, quando a peça estreou no TBC de São Paulo, ele perguntou a Brutus Pedreira, um dos professores da Escola:

— Você sabe que há uma peça de um autor baiano fazendo grande sucesso no TBC?

— Sei. E essa peça está ali, na sua estante.

As pesquisas que fiz em Salvador foram-me muito úteis, e, quando retornei ao Rio, voltei a trabalhar na peça, que o mesmo Pascoal Longo havia levado ao Teatro dos Sete, um grupo formado por Fernanda Montenegro, Sérgio Brito, Ítalo Rossi, Fernando Torres, sob a direção de Gianni Rato. O grupo acabara de organizar-se, estava no Teatro Municipal, estreando sua primeira montagem, *A capital federal,* de Arthur Azevedo, com grande sucesso. Gianni Rato viera com o Picolo Teatro de Milano e aqui ficara. Era tido em grande conceito, e a ele competia escolher o repertório.

Finalmente chegara o momento da dramaturgia brasileira sacudir o mofo e integrar-se na revolução cênica desencadeada 10 anos antes. Desde meados da década de 1950, um surto dramatúrgico agitava nossos palcos. Primeiro, com *A moratória,* de Jorge Andrade, depois, com *O Auto da Compadecida,* de Suassuna, e, a seguir, com *Eles não usam black-tie,* de Guarnieri, e *Chapetuba Futebol Clube,* de Oduvaldo

Vianna Filho. O desenvolvimentismo juscelinista, carregado de forte nacionalismo, valorizando o produto nacional (embora acarretando o grande erro histórico que foi a transferência da capital para Brasília), favorecia o nascimento de uma dramaturgia brasileira, com raízes fincadas em nossa realidade e sobretudo ambiciosa por sua proposta estética e pela qualidade de seus textos. Aventuro-me a especular se, sem Juscelino, essa súbita valorização do autor nacional se teria verificado. A esse movimento eu me vinha juntar e pressentia que agora — ao contrário do tempo em que escrevera minhas primeiras peças — o momento era propício, e o terreno, fértil para o semeio de meu teatro, que nessa nova fase guardava profunda identidade com a primeira, acrescentando-se apenas a maturidade e o domínio técnico. O destino finalmente conspirava a meu favor (a profecia de Luciano Trigo, em 1944: "Só daqui a 20 anos...").

GIANNI RATO, o cabelo caindo teimosamente sobre os olhos de falcão, o nariz de tucano, sentou-se comigo no camarim do Municipal e não fez rodeios, foi logo me dizendo que era o melhor texto brasileiro que havia lido. Meu coração disparou, mas procurei controlar a emoção. Ele me fez algumas perguntas:
— Por que você fez um personagem tão interessante como Bonitão quase desaparecer no terceiro ato?
— Não fui eu, foi ele que não quis... eu me esforcei, mas ele fugia... se recusava...
Rato cravou em mim aquele olhar perfurante que me assustava um pouco.
— É isso mesmo, rapaz. Você é um verdadeiro dramaturgo. Parabéns pelo seu belíssimo texto, que terei o maior prazer de encenar.
Saí do Teatro Municipal numa euforia que beirava a embriaguez e a loucura, tinha vontade de gritar, de cantar, de beijar quem encontrasse pela frente, atravessei a Praça Paris numa carreira desabalada, como

que movido por uma corrente elétrica, saltando por cima dos bancos, esbarrando nos transeuntes, desrespeitando sinais; cheguei ao local onde estava estacionado meu carro e precisei parar para respirar e desacelerar o coração. Sentia calafrios, e a temperatura ambiente estava próxima dos 40 graus.

Nos dias seguintes, repassava a todo momento as palavras de Gianni Rato, que decorara literalmente, e toda vez que o fazia sentia aquela mesma sensação de frio e calor. Mas era preciso não esquecer que ele fizera uma pequena restrição. Achara insuficientes as razões de Padre Olavo para fechar as portas da igreja a Zé do Burro. Insuficientes, era preciso fornecer-lhe mais argumentos do que simplesmente a dedução de que Zé pretendia, pretensiosamente, imitar Jesus e transformar-se num beato (era assim na primeira versão). Do contrário, ante as razões muito mais fortes do protagonista, a peça ficaria desequilibrada. Rato tinha toda razão. E me pus a reescrever a peça, embora o texto original, inscrito no concurso do Instituto Nacional do Livro, acabasse de receber o Prêmio Nacional de Teatro, o maior prêmio de dramaturgia àquela época. A pesquisa que fizera em Salvador deu-me a solução do problema: o sincretismo. Zé do Burro fizera sua promessa num terreiro de candomblé, já que em sua cidade natal não havia uma igreja de Santa Bárbara. Mas no terreiro de candomblé havia uma imagem de Iansã, que, no sincretismo católico-africano, é Santa Bárbara. Padre Olavo, defendendo a ortodoxia cristã, não poderia admitir. E a peça cresceu, ganhou força e autenticidade. Agradeço a Rato.

O Teatro dos Sete prosseguiu em sua temporada no Teatro Copacabana, encenando *A senhora Warren*, de Bernard Shaw. Em seguida montaria *O Cristo Proclamado*, de Francisco Pereira da Silva e, para não levar duas peças brasileiras de ambiente nordestino uma após a outra, um texto estrangeiro seria intercalado, *O pagador* viria a ser a quinta peça do repertório, eu teria que esperar, possivelmente, mais de dois anos. Era muita coisa para minha ansiedade. Decidi levar o texto a Franco Zampari, no Teatro Ginástico, onde o TBC sediava seu núcleo carioca. Hoje tenho certeza de que agi acertadamente e que o Teatro dos Sete nunca teria encenado *O pagador*, diante do fracasso de *O Cristo Proclamado*. Mesmo assim, após o sucesso da peça em São Paulo, numa festa íntima, Fernanda Montenegro disse-me, duramente:

— Dias, você nos traiu.

Essas palavras ficaram gravadas a fogo na minha memória. Sempre que as relembro, constato que, de toda a minha longa carreira teatral, guardo algumas frustrações, uma delas é nunca ter sido representado por Fernanda, a maior atriz de minha geração.

O pagador de promessas mudaria a cara do TBC, que daí em diante passaria a dar preferência ao autor brasileiro e a uma dramaturgia preocupada com nossos problemas sociais. Mas sua escolha para iniciar uma nova fase deveu-se, inicialmente, ao acaso. Zampari — fundador e *big boss* da companhia — recebeu a peça e colocou-a num monte de outros textos inéditos (que, possivelmente, nem fosse ler) e embarcou no avião de volta a São Paulo. Durante o voo, seu secretário, Armando Pascoal, para matar o tempo, enfiou a mão naquele monte de scripts e tirou um para ler: era *O pagador*. Chegando a São Paulo, disse a Zampari, empolgado, que estava lendo uma peça sensacional, de um autor desconhecido. Zampari mandou chamar-me, meu texto já corria de mão em mão, notadamente dos diretores Henriette Morineau e Alberto Daversa, cada um deles pleiteando dirigi-lo. Após comedidos elogios, Zampari perguntou-me, em seu forte sotaque italiano, qual o diretor que eu sugeria.

— Flávio Rangel — respondi sem hesitar.

Flávio, muito jovem ainda, acabara de dirigir *Gimba*, de Guarnieri, por coincidência o primeiro espetáculo a que assisti após terminar *O pagador*. Uma *mise-en-scène* vibrante e, sobretudo, bem brasileira. Descobri ali o diretor ideal para a minha peça.

— Flávio Rangel — repetiu Zampari, como se aquele nome não lhe fosse estranho.

— Acabou de dirigir *Gimba* — ajuntei.

— Ah, sim... mas é um menino. Temos grandes diretores contratados, *Madame* Morineau, Daversa...

— Essa peça só pode ser dirigida por um brasileiro — enfatizei. — Flávio Rangel é o diretor certo.

Zampari não estava acostumado a ver suas opiniões contestadas, deve ter-me achado impertinente, mas, ante a minha determinação, mandou chamar Flávio, que dias depois vinha ao Rio conhecer-me. Elogiou a inteligência de meu texto, que já havia lido várias vezes, sabia até, para surpresa minha, algumas falas de cor, depois começou a analisá-lo, cena por cena, convencendo-me de que escolhera o diretor certo; suas ideias sintonizavam perfeitamente com as minhas.

— Mas seu texto é tão bom, sua peça me parece tão importante, que merece ser mais trabalhada, trabalhada à exaustão.

Expliquei que aquela já era a segunda versão.

— Pois escreva a terceira. Vale a pena. Aprofunde o conflito religioso, por exemplo.

Aceitei o conselho, voltei à máquina, e numa semana estava pronta uma nova versão, que pouco diferia da segunda, apenas mais aprofundada no aspecto teológico. Mesmo assim, eu não gostava da cena final. E Flávio concordou. Mas essa correção poderia ser feita durante os ensaios. De fato, já tínhamos mais de um mês de ensaios quando eu apareci no teatro com a cena final, definitiva, que Flávio aprovou com entusiasmo.

Por exigência minha, Zampari reformou o exótico palco do TBC; na adaptação que haviam feito de um velho casarão, tinham deixado uma pilastra bem no centro do palco. Ora, toda a ação de *O pagador* se passa numa praça, aquela pilastra não tinha cabimento.

— Ou o senhor tira a pilastra, ou eu tiro a peça.

Quando saímos, ainda descendo a escada que levava ao escritório do empresário, Flávio fitou-me, assustado.

— Você foi muito agressivo. Ninguém fala assim com Zampari. Ele podia ter-te mandado à merda.

Eu sabia o que estava fazendo. Sabia o quanto significava minha peça para o TBC, que atravessava séria crise econômica e também artística. Isso já acarretara o fechamento da sucursal do Rio de Janeiro, tratava-se de salvar a matriz de São Paulo. O público já não se conformava só com o espetáculo "bem-feito", queria algo mais, queria ver a nossa realidade em cena. O surto de dramaturgia alterara violentamente as regras do jogo. Se o TBC queria sobreviver, tinha que se adaptar aos novos tempos. Zampari, com o senso de oportunismo próprio de um empresário bem-sucedido, percebia isso.

Faltando duas semanas para a estreia, Flávio exigiu que eu fosse para São Paulo assistir aos ensaios, junto com ele, até o fim. Era sua maneira de trabalhar, trocando ideias com o autor. Faríamos isso nas oito vezes em que trabalhamos juntos. Mas nem todos os diretores aceitam como construtiva a presença do autor durante os ensaios. Hoje em dia, quando os diretores se transformaram (ou se julgam) nos verdadeiros autores, senhores absolutos do espetáculo, menosprezando o texto, isso é muito raro. Mesmo naquele tempo, eu sentia que, a alguns, minha presença incomodava. Ziembinski, antes da primeira leitura de *O santo inquérito*, fez-me uma tocante homenagem que quase me levou às lágrimas. Em seguida, estendeu-me a mão e disse:

— Venha na estreia, vai ser um belíssimo espetáculo. — Voltou-se para os atores reunidos em volta da mesa: — Vamos trabalhar.

Senti-me como um intruso e me retirei. Não deixei de assistir aos ensaios por causa disso, mas sempre ficava escondido, na última fila, sentindo que minha presença o perturbava.

Flávio era o oposto, sentia-se seguro com o autor ao lado, escutava sugestões, auscultava reações, discutia seu próprio trabalho. Eu me hospedava em seu apartamento, e varávamos a noite, discutindo. Quando terminou o primeiro ensaio a que assisti, eu estava tão emocionado, que não consegui dizer uma só palavra. Saímos e fomos tomar um drinque no Baiuca. Vi que ele me olhava de maneira estranha. Quis saber se fizera alguma coisa errada.

— Rapaz, você não disse uma palavra para os atores.

— E precisava?

— Claro! Eles estão pensando que você odiou o ensaio.

— Me desculpe. Foi timidez. Porque eu adorei. Leonardo Vilar está comovente, Nathalia Timberg é fantástica, Cleyde Yáconis, magnífica.

— E por que você não disse tudo isso a eles? Esta noite eles não vão dormir.

Eu cometeria esse erro mais algumas vezes, por timidez. Um erro realmente imperdoável.

14

O pagador mudaria a minha vida. Às vésperas da estreia, já era publicada uma crítica de Sábato Magaldi em *O Estado de São Paulo*, baseada apenas na leitura do texto, elogiando a peça sem restrições, prenunciando o sucesso do espetáculo e criando grande expectativa. Janete não pôde ir a São Paulo, porque meu terceiro filho, Alfredo (demos-lhe o mesmo nome do que havíamos perdido prematuramente), acabara de nascer; minha mãe foi representando a família. Sempre odiei estreias, poucas vezes consegui assistir da plateia à primeira apresentação de uma peça minha, quase sempre fujo, fico perambulando nervosamente, refugio-me num bar das cercanias ou no camarim de um ator. Sofro tanto, que me parece um ato de puro masoquismo. Quando terminou o espetáculo, após os demorados aplausos da plateia de pé, Flávio começou a procurar-me por todo o teatro, foi encontrar-me sentado no chão, encolhido, num canto da coxia. Disse-me depois que eu parecia ter envelhecido 10 anos. Mas, como num milagre, eu recuperaria a juventude minutos depois, ao cair nos braços de minha mãe, no porão do teatro, ela em prantos. Eu via no rosto das pessoas o impacto causado pela peça. Uns se abriam em sorriso largo e generoso, outros arregalavam os olhos, incrédulos, como Jorge Andrade, que parecia meio chocado, outros ainda se descontraíam, entre o espanto e sincera alegria, como Roberto Freire, que me disse, num caloroso abraço:

— Rapaz, você marcou um gol de placa! E olha que você não estava no páreo, vinha correndo por fora.

Entendi o que ele queria dizer; ninguém esperava nada de mim. Durante o hiato entre minha primeira fase, e agora, a segunda, todo o teatro se renovara; surgira nova geração não só de autores, de atores, mas até de críticos. Talvez nenhum desses críticos tivesse assistido às minhas primeiras peças, uma borracha apagara meu passado, e eu era tratado agora como estreante, revelação súbita e inesperada, principalmente porque, ignorando minhas origens, julgavam-me oriundo do rádio. O equívoco só se desfaria mais tarde, quando a mídia e a nova crítica começaram a se interessar por minha biografia. Nas palavras de Décio de Almeida Prado: "...é um caso ímpar no teatro brasileiro: um escritor da velha guarda, comediógrafo oficial a certo momento de Procópio Ferreira, que acabou por se tornar um dos nomes de maior prestígio da nova dramaturgia. Parte do milagre se desvanece, no entanto, explicando que ele escreveu as primeiras peças ainda na adolescência, estreando como autor com apenas 20 anos, em 1942. Não seria errado datar sua carreira a partir de 1960, quando o TBC levou à cena *O pagador de promessas*..." (O Teatro Brasileiro Moderno). De fato, eu me sentia como um saltador de vara que, após várias tentativas frustradas, tivesse finalmente conseguido ultrapassar o sarrafo. Logo que pude, corri para o telefone e liguei para Janete; sabia que ela estava esperando ansiosamente esse telefonema e lamentei não estarmos juntos para comemorar.

O pagador é uma peça nascida compulsivamente da necessidade interior de entender o mundo. Mas não é uma peça didática e, muito menos, panfletária. Ao contrário, muito embora ela tenha como tema fundamental a liberdade de escolha, ante a qual me posiciono, não tive, ao escrevê-la, a menor preocupação de expelir qualquer mensagem política. Muito menos sofri qualquer influência partidária; procurei mesmo evitá-la a todo o custo — jamais discuti o texto com qualquer dirigente ou membro do Comitê Cultural, do qual fazia parte. Acredito mesmo que poderia haver restrições ideológicas não muito graves, caso a peça fosse submetida à análise do Partido. (Digo isso para acabar com a falácia de que no Comitê Cultural se discutiam e aprovavam ou reprovavam obras de membros ou não-membros do Partido. Nunca tive uma peça ou romance analisado ou discutido no Comitê Cultural ou em qualquer organismo partidário.) Simplificando, eu tivera apenas um objetivo em mente: escrever uma boa peça. A análise de seu significado, da fabulação que eu desenvolvera, isso eu só viria a fazer quando escrevi um pequeno artigo para o programa de estreia. "O homem, no sistema capitalista, é um ser em luta contra uma engrenagem social que promove a sua desintegração, ao mesmo tempo que aparenta e declara agir em defesa de sua liberdade individual. Para adaptar-se a essa engrenagem, o indivíduo concede levianamente ou abdica por completo de si mesmo. *O pagador de promessas é* a história de um homem que não quis conceder — e foi destruído. (...) Como Zé-do-Burro, cada um de nós tem suas promessas a pagar. A Deus ou ao Demônio — a uma ideia. (...) *O pagador de promessas* não é uma peça anticlerical — espero que isso seja entendido. Zé-do-Burro é trucidado não pela Igreja, mas por toda uma organização social, na qual somente o povo das ruas com ele confraterniza e a seu lado se coloca, inicialmente por instinto e finalmente pela conscientização produzida pelo impacto emocional de sua morte. (...) *O pagador de promessas* nasceu, principalmente, dessa consciência que tenho de ser explorado e impotente para fazer uso da liberdade que, em princípio, me é concedida. Da luta que travo com a sociedade quando desejo fazer valer o meu direito de escolha para seguir o meu próprio caminho e não aquele que ela me impõe. Do conflito interior em que me debato permanentemente sabendo que o preço da minha sobrevivência é a prostituição total ou parcial. Zé-do-Burro faz aquilo que eu desejaria fazer — morre para não conceder. Não se prostitui. E sua morte não é um gesto de afirmação individualista, porque dá consciência ao povo, que carrega seu cadáver como bandeira." Parece que eu já previa as interpretações equivocadas de meu texto e as polêmicas que provocaria. Na verdade, sendo uma fábula, está sujeita a muitas leituras, como aconteceu, segundo a formação cultural e as crenças de cada um. Eu me preocupava em firmar a *minha* interpretação. E, ao fazê-lo, desnudava-me, fazia um raio X das ansiedades, das angústias e das culpas que carregava naquele momento.

A partir do TBC, *O pagador* iniciou vitoriosa carreira em que alcançou unanimidade crítica, tanto no país como no exterior. Lembro-me apenas de um crítico que lhe fez algumas restrições, Bárbara Heliodora. Mais restrições ainda faria às minhas peças seguintes, aumentando progressivamente em agressividade, a tal ponto que Paulo Francis me perguntaria, em 1962, após uma reunião da Associação de Críticos Independentes em que fui escolhido o Melhor Autor do Ano (contra um único voto, o de D. Bárbara, evidentemente), se por acaso eu a havia ferido alguma vez em sua vaidade de mulher.

— Porque só isso explicaria o ódio que ela tem por você.

Nunca troquei com essa senhora mais do que meia dúzia de palavras convencionais. E naquele ano de 1962 não apenas *O pagador* recebia nova montagem, no Rio de Janeiro, com direção de José Renato e Luiz Linhares no principal papel, como também *A invasão*, que eu escrevera entre 1959 e 1960, antes mesmo da estreia de *O pagador* no TBC, ganhava um belíssimo espetáculo dirigido por Ivan de Albuquerque, com Jardel Filho, Rubens Corrêa e Isabel Tereza. *A invasão* tinha uma música-tema composta por Tom Jobim e Vinicius de Moraes, que se tornou popularíssima. Escrevi a peça inspirado no esqueleto de um prédio, uma construção paralisada que havia na Lagoa Rodrigo de Freitas, e nas chuvaradas que assolavam a cidade e levavam na enxurrada barracos enganchados nos morros cariocas, deixando ao desabrigo dezenas de favelados. Vali-me de uma pesquisa que fiz na Favela do Esqueleto, que resultara também da invasão de um prédio pelos trabalhadores, em sua maioria nordestinos, desempregados após a construção do Estádio do Maracanã. Obedecendo a meu entendimento de que cada tema tem sua forma própria, *A invasão* difere formalmente de *O pagador*, é um drama quase naturalista, o que levaria Paulo Francis, o crítico que melhor entendeu a peça, a achar que eu era "um autor em busca de um estilo". Equivocado nesse ponto, Francis entendia o que nenhum crítico entendeu, que, na peça, o povo era o protagonista, e isso era uma inovação, pelo menos em nossa dramaturgia. E ambas as peças estavam em ensaios no Rio enquanto se realizava o Festival de Cannes e *O pagador*, em sua versão cinematográfica, recebia a Palma de Ouro.

EU TINHA COM Flávio Rangel um compromisso: se *O pagador* viesse a ser filmado, ele seria o diretor. Desde a estreia da peça, Flávio alimentava esse sonho e procurava um produtor para o filme. Convidou Oswaldo Massaini e Anselmo Duarte para assistirem ao espetáculo no TBC, e seu sonho passou para a cabeça dos dois. Um dia, trouxe Anselmo a minha casa e disse:

— Dias, eu queria muito fazer esse filme, mas não consigo produtor. Anselmo tem um produtor, Oswaldo Massaini, e eu abro mão da exclusividade que você me deu.

Hesitei muito. Anselmo, para mim, era o galã das chanchadas da Atlântida, não tinha visto seu primeiro filme e duvidava que fosse o melhor diretor para *O pagador*. Consultei meus amigos do Cinema Novo, Alex Vianny, Leon Hirshman, que acharam uma temeridade. Anselmo sentiu minha resistência, mas a ideia instalara-se em sua mente como uma obsessão.

Com 15 anos, quando escrevi minha primeira peça: *A comédia dos moralistas*. (Acervo pessoal.)

A sala de refeições da Avenida Princesa Leopoldina 25, em Salvador, com toda a família reunida em torno da mesa onde li *A comédia dos moralistas*. (Acervo pessoal.)

Com Janete.

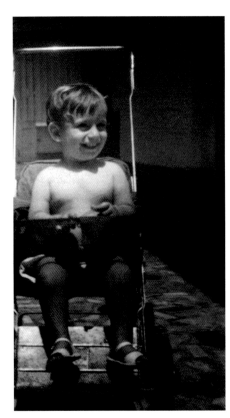

Meu filho Marcos, morto aos 2 anos e meio (1968). (Acervo pessoal.)

Meus filhos Guilherme, Denise e Alfredo, três talentos musicais sem nenhuma explicação genética nem na minha árvore genealógica nem na da Janete. (Mayra está no colo.) Para não desmoralizar totalmente aquele fascinante ramo da biologia, Denise é poeta e romancista.

Com minha mãe e Janete na porta da igreja em que O *pagador de promessas* foi filmado.

O Pagador em N.I.: os sotaques na peça de Dias Gomes.

QUATRO AUTORES NO REPERTÓRIO DO TEATRO DAS AMÉRICAS

Com poucas exceções, o inglês dos atores tem os sotaques mais variados: porto-riquenho, colombiano, até brasileiro. Mesmo assim, a companhia é profissional e a peça que estão ensaiando será montada comercialmente na Broadway no outono deste ano. Será a primeira obra de teatro latino-americana a ser lançada no centro mundial da arte cênica, e é brasileira: **O Pagador de Promessas**, de Alfredo Dias Gomes.

Sexta-feira, porém, o público nova-iorquino teve ocasião de vê-la numa produção não comercial, que decidirá, depois de uma série de seis apresentações, se o lançamento ao fim do ano será num teatro grande ou não. Mais de 40 atores e dançarinos fazem parte da companhia New York Theater of the Americas, cujo diretor é Manuel Ponce. Ponce, que já foi diretor do Teatro Nacional de Cuba — seu país de origem —, ao ser entrevistado pelo DOMINGO ILUSTRADO, indicou que a produção de **O Pagador de Promessas** na Broadway iniciará um novo capítulo na história do teatro latino-americano, pois se tiver sucesso abrirá as portas para peças de outros autores da língua espanhola e portuguesa. Aliás, quatro das 24 peças do repertório do New York Theater of the Americas são brasileiras, incluindo **Vestido de Noiva**, de Nélson Rodrigues, **Assalto**, de José Vicente, e a peça infantil de Maria Clara Machado, **A Bruxinha que Era Boa**.

O pagador de promessas foi a primeira obra de teatro latino-americana a ser lançada na Broadway.

Cena do filme *O pagador de promessas*.

Leonardo Villar e Glória Menezes no filme *O pagador de promessas*.

Com Zélia Gattai, Jorge Amado e Bernadeth Lyzio, assistindo ao último capítulo de *Roque Santeiro*, na Casa de Criação Janete Clair (1986). (Acervo pessoal.)

Cenas com Procópio Ferreira em *O bem-amado*, direção de Gianni Rato.

No lançamento do livro *O pagador de promessas*.

Ferreira Gullar foi meu parceiro em *Vargas* e em algumas minisséries de TV. Aqui, com Bernadeth, somos todos sorrisos.

Com Fidel Castro, em Cuba, confrontando o homem e o mito.

Campeões do mundo (Rio, 1980).

Capa do programa da peça *Campeões do mundo*.

Com Carlos Eduardo Dolabela, Paulo Gracindo, Jardel Filho e Jardel Mello, numa festa em minha casa. (Acervo pessoal.)

Com Chico Buarque, parceiro em *O rei de Ramos*.

Lançamento do livro *Quando é amanhã* (1948). No verso da foto estava escrito: "Publicar um livro é uma coisa muito séria. E a capa do livro é um importante fator de sucesso."

Com Mayra e Luana, filhas do casamento com Bernadeth.

A Academia, o discurso de posse – uma grande extravagância – 1991. (Foto: Manchete.)

Com os acadêmicos.

Entre o senador Roberto Freire, Mário Lago e o deputado Sérgio Arouca, na estreia de *Meu reino por um cavalo*. Constrangido com tantos elogios, dos quais a crítica burra não compartilhou.

Capa do programa da peça *Meu reino por um cavalo*.

Proibido no Brasil, *O berço do herói* teve estreia mundial nos Estados Unidos, traduzido por Leon Lyday e dirigido por Manuel Duque (The Playhouse, The Pennsylvania State University, 1976). Capa do programa. (Foto de Mark Hielar.)

Com Fernando Henrique Cardoso, num momento de descontração (Brasília, 1997).

Dr. Getúlio, sua vida e sua glória, uma parceria com Ferreira Gullar e direção de José Renato. Teatro Leopoldina, Porto Alegre, 1968. (Foto de A. Trindade.)

Jardel Filho ("Mané Gorila") e Jurema Magalhães ("Isabel") em *A invasão*, direção de Ivan de Albuquerque (1962).

Na Academia Brasileira de Letras, recebendo das mãos de Raimundo Magalhães Júnior o prêmio Cláudio de Souza, por *A invasão*.

Cenário de Duke Durfee para a produção norte-americana de *O berço do herói*.

Capa do programa da peça *Sucupira, ame-a ou deixe-a*.

Capa do programa de *O rei de Ramos*.

Com Paulo Gracindo, na estreia de O rei de Ramos (Teatro João Caetano, Rio, 1979).

Com Tancredo.

— Se você me der essa peça, eu vou com ela ganhar a Palma de Ouro, juro por Deus.

Foi essa afirmação, feita com voz firme, olhando dentro de meus olhos, que me venceu. Não que eu acreditasse naquele momento que ele iria de fato ganhar a Palma, mas sua determinação deu-me a certeza de que ele iria lutar para fazer o melhor. Mesmo assim, no contrato que assinei com Oswaldo Massaini, fiz constar uma cláusula: uma vez o roteiro definitivo aprovado, o diretor seria obrigado a segui-lo cena por cena; queria assegurar inteira fidelidade à minha história. Desse contrato constava também a obrigação de fazer a adaptação cinematográfica, onde procurei também me resguardar, mantendo quase literalmente o desenvolvimento e os diálogos da peça, e nisso amarrando a direção, reconheço — dessa acusação, que é feita a Anselmo, eu tenho toda a culpa. Nos créditos do filme aparece somente o nome dele como autor do roteiro; isso é falso, entreguei-lhe a adaptação já em seu terceiro tratamento, isto é, a história dividida em cenas, com a ação das personagens e os diálogos definitivos, cabendo-lhe acrescentar, no tratamento final, a definição dos planos e a movimentação de câmera.

Viajamos juntos a Salvador para escolher os locais de filmagem, e lá, no quarto do hotel, travamos uma acalorada discussão. Sua leitura da peça ou do argumento era totalmente equivocada. Ele via a história de forma maniqueísta, uma luta entre o bem e o mal ou entre heróis e bandidos, em que o herói era o candomblé, e o bandido, a igreja católica. Custei a convencê-lo de que o sentido do argumento era muito mais complexo. Mas ele, finalmente, me deu razão.

Um dos problemas mais delicados de nossa viagem dizia respeito ao próprio clero. Teríamos que obter permissão para usar a Igreja do Passo e também alguns interiores de outros templos católicos. Com isso, seria preciso fornecer uma cópia do argumento às autoridades eclesiásticas locais para avaliação. Anselmo não queria, achava que os padres não aprovariam a história. Preferia contá-la de viva voz. A pessoa mais indicada para isso seria eu, mas ele me proibiu.

— Você fica calado, não dá um pio. Deixe que eu conto.

Anselmo é um simpático mentiroso compulsivo, essa qualidade lhe é reconhecida por todos. Nesse dia, ele foi particularmente brilhante. A história que contou aos padres, de profunda religiosidade, terminava com um milagre de Santa Bárbara, que aparecia a Zé do Burro e o levava consigo para o céu.

As filmagens já iam em meio quando, no intervalo de um espetáculo teatral, no Rio, encontrei Glauber Rocha, com quem tinha pouca ou nenhuma intimidade.

— Anselmo está lá na Bahia filmando sua peça — disse-me. — Você não está preocupado com isso?

— Preocupado eu estou.

— Será que ele está culturalmente preparado para dirigir *O pagador*?

Não cheguei a responder, tocou o terceiro sinal para reinicio do espetáculo. Dias depois, Glauber abordava Anselmo no intervalo de uma filmagem e lhe dizia que eu estava preocupadíssimo, achando que ele não tinha cultura para dirigir o filme. Anselmo ficou magoado, com justa razão, e essa mágoa perdura até hoje, transparecendo em suas entrevistas, quando procura sempre omitir o meu nome. Pelo menos nesse episódio, não evidenciava um bom caráter o nosso talentoso Glauber.

Quando *O pagador* venceu o Festival de Cannes, foi geral a perplexidade. Mas, entre os cineastas que naquele momento iniciavam um movimento rotulado de Cinema Novo (e esse rótulo foi escolhido na minha casa, em reunião da qual participaram Leon Hirshman, Alex Vianny, Joaquim Pedro, Glauber Rocha, o próprio Anselmo e outros de que não me lembro), a essa perplexidade juntava-se transparente inveja e até mesmo certa indignação inconfessada. Anselmo não pertencia ao movimento, era ideologicamente alienado, trazia ainda como estigma o de galã das chanchadas da Atlântida — e se atrevera a ganhar a Palma de Ouro. Ou, melhor, roubar-lhes a Palma, pois cada um deles se sentia furtado. Nunca lhe perdoaram por isso e o condenariam ao ostracismo, minimizando seu feito, atribuindo-o a fatores extrafilme, inventando absurdos conluios. E ele fizera um bom filme. Ou, além de Cannes, não venceria mais quatro festivais, um deles muito mais sério, o de Edimburgo, sem as badalações da Côte d'Azur. Um filme sobretudo honesto e absolutamente fiel à minha peça, que naquele momento já começava a correr mundo, encenada sempre com sucesso em mais de uma dúzia de países, notadamente na Polônia, onde teria quatro diferentes montagens, uma delas laureada no III Festival Internacional de Kaltz. Não tive o prazer (ou desprazer) de assistir a qualquer dessas encenações. As que viria a assistir, de outras peças minhas, como *O santo inquérito*, em Portugal, e *O berço do herói*, nos Estados Unidos, me deixaram a impressão de que estão todas sujeitas a muitos equívocos.

Como já disse, minha vida mudou a partir de *O pagador*, eu era agora um autor de projeção nacional, traduzido em várias línguas, e podia viver voltado para o teatro durante toda a década de 1960. O sucesso do filme fez a peça voltar à cena no TBC paulista, com o mesmo elenco e a mesma inspirada direção de Flávio Rangel, que em seguida encenaria *A revolução dos beatos,* um texto transparentemente esquerdista, que terminava numa quase-proposta de luta armada. Era minha cabeça na época; batia de frente com a linha conciliadora do Partido Comunista, que propunha a aliança com a burguesia e achava que naquele momento não havia condições para transformações socialistas. O espetáculo, concebido por um triunvirato, eu, Flávio e o cenógrafo Cyro del Nero, apesar de receber crítica generosa, principalmente de Décio de Almeida Prado, chocou a plateia paulistana, que o hostilizou violentamente, até cancelando récitas já compradas, obrigando o TBC a retirá-lo de cartaz poucos meses depois. Era um momento de grande efervescência política, com as esquerdas fragmentadas em várias linhas de ação, e o governo de João Goulart sendo empurrado para posições que levavam a direita a conspirar contra ele abertamente. No teatro preponderava o pensamento participante, a noção de um teatro engajado nas transformações sociais, que tinha sua expressão mais contundente no Teatro de Arena, de São Paulo, e no Centro Popular de Cultura da UNE, no Rio. Em ambos os grupos, eu tinha amigos e companheiros e seria lógico que participasse de um deles, como deveria ter participado do Teatro do Estudante ou dos Comediantes, nos anos 1940, do Grupo Opinião, que se formaria no Rio após o golpe militar de 1964. Mas minha timidez sempre me isolou, tornou-me avesso a grupos. Não era um "socialista insociável", como se auto-intitulou Bernard Shaw, era apenas um revolucionário portador de inadmissível inibição. Tudo isso parece contraditório já que eu continuava militando no Partido Comunista, mas o ser humano é mesmo contraditório. Com relação ao CPC, que privilegiava a mensagem político-panfletária em detrimento da qualidade artística, eu divergia fundamentalmente nesse aspecto.

O FRACASSO DE *A revolução dos beatos* surpreendeu-me em plena elaboração de *O bem-amado*. A peça se baseava num fato verídico, ocorrido numa cidadezinha do interior do Espírito Santo, que fora narrada a Nestor de Holanda, meu amigo e cronista da *Última Hora*. Nessa cidade, onde não havia cemitério, certo candidato a prefeito firmara sua plataforma sobre esta necessidade sentida por seus habitantes: a construção do campo santo. Eleito, dispôs-se a cumprir imediatamente sua promessa de campanha, cercou por um muro branco um terreno da prefeitura, construiu as alamedas, delimitou o terreno para as futuras sepulturas, mandou forjar um grande portão de ferro trabalhado, sobre ele, a inscrição "Revertere ad locum tuum", e anunciou que o cemitério seria inaugurado pelo primeiro cidadão a bater as botas. Mas o tempo passou, um mês, dois, um ano, e nada de morrer alguém. A oposição se aproveitou para acusar o prefeito de perdulário, esbanjador do erário público, que gastara o dinheiro dos contribuintes numa obra inútil etc. Era tema quase anedótico, mas que me servia para desenvolver uma sátira política. Carlos Lacerda era o governador do então Estado da Guanabara, e na primeira versão da peça o linguajar do protagonista, Odorico Paraguaçu, era uma caricatura de seu hiperbólico estilo oratório. Naquele momento também gerava polêmica o estapafúrdio projeto de construção de um cemitério vertical no Parque Lage, e isso ajudava a metáfora. Terminada a peça, levei-a a Flávio Rangel, que não demonstrou entusiasmo. Eu também não estava satisfeito com o texto, achava que precisava ser mais trabalhado. Mesmo assim, a revista *Claudia* solicitou-me uma peça inédita para publicação; a remuneração era generosa; não tive dúvidas, entreguei *O bem-amado*, que só seria encenado cinco anos depois. Mas então muita coisa havia acontecido, Lacerda não era mais governador; ao contrário, depois de liderar o golpe de 1964, tornara-se *persona non grata* aos militares e acabava de ser preso, não teria sentido atacá-lo. E Odorico mudou de cara, tornou-se o protótipo do político interiorano, produto do coronelismo e, apesar de ter sido vivido no palco por Procópio Ferreira, em 1970, só encontraria seu genial intérprete em Paulo Gracindo, na televisão.

DESDE O ANO ANTERIOR, 1962, convidado por Ênio Silveira, que viria a editar quase todas as minhas peças, eu havia passado a dirigir a coleção *Teatro Hoje*, da Editora Civilização Brasileira. Ênio Silveira era olhado a princípio com certa desconfiança pelas esquerdas. Homem de hábitos refinados, casado com uma mulher rica, Cleo Marcondes (em regime de separação de bens, tanto que, ao enviuvar, toda a fortuna foi herdada pelos filhos), era visto como um bom burguês. Essa falsa imagem logo se dissiparia quando sua firmeza ideológica foi posta à prova — levado pelas circunstâncias, por sua formação cultural e principalmente por suas posições políticas desassombradas, transformou-se em verdadeiro líder da intelectualidade brasileira. A Civilização era um centro de aglutinação de intelectuais em que esquerdistas notórios, como Nelson Werneck Sodré, Moacyr Félix, Ferreira Gullar, Alex Vianny e tantos outros, conviviam com centristas e conservadores, como Adonias Filho, Guilherme Figueiredo e Hélio Silva, unidos pela posição comum em defesa da liberdade de expressão. Sua linha editorial, embora eclética, despida de sectarismo, incluía teóricos marxistas, até mesmo livros considerados tabus, como *O capital*, de Karl Marx. Por isso a editora viria a ser um dos alvos da ditadura pós-64, tornando-se, em contrapartida, uma das trincheiras da resistência contra o obscurantismo instalado. Ênio soube portar-se à altura desse momento histórico, amargando prisões, sofrendo atentados e até levando sua empresa à falência, em razão de sua atitude heroica em defesa de princípios que afrontavam o regime militar. Homem de caráter, combativo, aliava a todas essas qualidades um fino senso de humor que aflorava até mesmo em horas amargas. Ao sofrer o primeiro derrame cerebral, chegando ao hospital com todo seu lado esquerdo paralisado, sorriu pra mim da padiola.

— Essas coisas só acontecem com a esquerda...

EMBORA SECRETÁRIO-GERAL do Instituto Brasil-Cuba, não foi esse o motivo do convite para visitar a ilha em janeiro de 1963, e sim a premier de *O pagador*, o filme, em Havana. Dois fatos extraordinários ficaram gravados em minha memória nessa estreia. O primeiro, a chegada ao cinema onde se exibiria o filme de um batalhão do Exército cubano transportado em vários caminhões. Como a revolução cubana era ainda muito recente, a invasão do cinema pelos soldados fez-me imaginar que alguma ação militar estava sendo levada a cabo. Logo me tranquilizaram, fazia parte da ordem do dia dos quartéis uma ida da tropa ao teatro ou ao cinema, gratuita e obrigatoriamente (isso me fez entender que só num regime socialista, onde a cultura tivesse primazia sobre os interesses econômicos, seria possível levar o teatro ao povo, implantar um verdadeiro teatro popular com que sonhara minha geração). Iniciada a projeção, outro susto: um rebuliço na plateia, os espectadores se voltando subitamente para a última fila do cinema. Fiz o mesmo e descobri a razão do tumulto: Fidel Castro acabava de chegar, sem ser anunciado. Não tive oportunidade de conversar com ele nem saber sua opinião sobre o filme. Teria oportunidade de encontrar Fidel novamente, anos depois, em nova visita a Cuba, e, aí sim, numa conversa informal de alguns minutos, confrontar a imagem idealizada em minha mente, o mito, com o homem. E a impressão que me ficou foi de que o homem encarnava o mito com perfeição, parecendo-me até mesmo mais irreal do que ele, em sua postura de herói-missionário em permanente combate. Talvez a farda e a barba contribuíssem muito para isso, daí ele as conservar, como se despi-las significasse perder a identidade e depor as armas.

Raul Castro, que veio cumprimentar-me após a exibição, convidou-me para ir a seu apartamento tomar um drinque (o sucesso da película acarretaria a encenação da peça, logo no ano seguinte, no Teatro Nacional, com igual êxito).

Um apartamento modesto, mobiliado com extrema simplicidade, onde pudemos conversar durante duas horas. Falamos sobre a revolução cubana — da qual eu era entusiasta —, e ele, Raul, descontraidamente, como num papo de velhos amigos, contou da luta que ainda travavam, das dificuldades que enfrentavam para tornar realidade uma utopia, a grande utopia de nosso século. Com simplicidade, descreveu episódios, rememorou fatos acontecidos muito recentemente. Fidel acabara de assumir o poder absoluto, após a renúncia do presidente Dorticós. E Raul discorreu sobre as circunstâncias em que isso ocorreu com indizível prazer, saboreando os fatos e deixando entrever a grande admiração que tinha pelo irmão, do qual não possuía nem o carisma, nem a personalidade forte. Dorticós, que não participara da derrubada do ditador Batista e nem partilhava das ideias de Fidel, fora colocado na presidência pelos revolucionários, mas seu governo movia-se com enervante lentidão na construção do novo regime. Fidel, impaciente, vinha fazendo críticas diárias, e um belo dia desapareceu, inexplicavelmente. Não era encontrado em parte alguma. A notícia espalhou-se rapidamente por toda a ilha: Fidel sumira. Fora sequestrado, morto? Ninguém sabia. Só Raul e mais uns poucos, pois o desaparecimento fazia parte de uma estratégia. A população entrou em pânico, o povo foi para as ruas, sentindo-se subitamente órfão. Às 10 da noite, sem qualquer anúncio prévio, Fidel apareceu nas telas da tevê cubana. Fez um discurso de quatro horas atacando o governo Dorticós. Muito antes de terminar sua peroração, já o povo se levantava, pedindo a renúncia do presidente e exigindo que todo o poder fosse entregue a Fidel. Dorticós renunciou sem mesmo esperar que o Comandante concluísse seu discurso. Pensei imediatamente em Jânio Quadros, que visitara a ilha antes de sua própria renúncia, e descobri quem a inspirara: Fidel Castro. Sua expectativa era de que acontecesse o mesmo, o povo brasileiro se levantasse, exigindo que todo o poder lhe fosse entregue, como acontecera com Fidel. Mas o Brasil não é Cuba, e Jânio não era Fidel.

Em 1964, eu desenvolvia intensa atividade política em várias frentes. Mesmo assim, na virada do ano, aceitei o convite de Hemílcio Fróes, superintendente da Rádio Nacional, para assumir a direção artística da emissora. E no tumultuado e fatídico mês de março, por indicação da classe teatral, Jango nomeou-me diretor do Serviço Nacional do Teatro, nomeação que não chegaria a ser publicada no *Diário Oficial*, não tendo eu, por isso, chegado a tomar posse. Se tivesse sido empossado, provavelmente, não teria escapado à prisão.

Eram tempos febris, que prenunciavam a catástrofe. A história repetia 1954; não se acusava o governo de corrupção, mas de pretender implantar uma república sindicalista, meio caminho andado para a comunização do país; mero pretexto para o golpe, que tinha apoio dos Estados Unidos e cujo cheirume já estava no ar, só as esquerdas, com seus narizes obliterados, não percebiam. Prestes, em conferência na ABI, uma semana antes do golpe, afirmava com convicção que isso era impossível. E não sei se o devemos culpar por esse erro de avaliação — era essa a falsa realidade que nos vendiam. Se a direita levantar a cabeça, ela será decepada — diziam. O "dispositivo militar" de Jango era garantia mais do que segura. Após o gigantesco comício de 13 de maio, em prol das reformas de base, reuni em minha casa um grupo de intelectuais de esquerda, todos eles haviam participado daquele ato político. O clima era de grande euforia.

— Atravessamos o Rubicão! — afirmou alguém erguendo um copo. — *Alea jacta est!* — E todos concordaram.

— Jango não pode mais recuar, e a direita, acuada, vai ter que engolir as reformas.

Em minha cabeça, ecoavam as palavras agourentas de um deputado comunista, Marco Antônio Coelho, que me abraçou, ao fim do comício, descendo do palanque:

— Nós nos encontraremos no presídio da Ilha Grande.

Marco Antônio viria a ser preso e barbaramente torturado pelo Doi-Codi até enlouquecer. Mas, naquele momento, era a única pessoa lúcida e sensata.

15

Na noite de 31 de março de 1964, eu estava acamado com 40 graus de febre, dores por todo o corpo — uma gripe fortíssima, ameaçando transformar-se em pneumonia, derrubara-me. Sentia-me naquele estado pré-metamorfose, em que o homem está prestes a transformar-se em verme. Um médico foi chamado, enquanto o rádio ligado no meu quarto dava notícias do levante militar, as tropas mineiras do general Mourão, a *Vaca Fardada*, marchando em direção ao Rio. O médico, tomando minha pressão, demonstrava apoiar o movimento.

— Esta situação não podia continuar — disse. — Alguém tinha que fazer alguma coisa.

Sorri, um sorriso de molusco, mas confiante.

— Vão ser dizimados, tome nota — afirmei com absoluta convicção.

No dia seguinte, acordei um pouco melhor. Pelo menos as dores no corpo haviam melhorado. Como era diretor artístico da Rádio Nacional, que naquele momento liderava a "rede da legalidade", apoiando o governo, achei que era meu dever assumir meu posto, ainda que febril; os protestos de Janete não foram suficientes para demover-me.

Os corredores da emissora estavam intransitáveis, tal o número de delegações — de sindicatos, principalmente — que vinham hipotecar solidariedade a Jango e faziam questão de expressá-la pelos microfones (todos esses pronunciamentos foram gravados pelo Dops e serviram para meter muita gente na cadeia). Lá pelas tantas, surgiu também uma representação do Comando dos Trabalhadores Intelectuais, entidade a que eu pertencia, Ênio Silveira, o historiador Nelson Werneck Sodré, o poeta Moacyr Félix, o cineasta Alex Vianny e outros. Aproveitei e pedi a Nelson, também general reformado, que sentasse a minha máquina e escrevesse o primeiro boletim de guerra das forças antigolpe. E Nelson o fez. Por esse boletim, que foi imediatamente divulgado, as tropas do general Ladário avançavam, vindas do Sul, para esmagar os golpistas. Eram as informações que tínhamos, nascidas mais do delírio ficcional dos nossos desejos do que da realidade. No começo da tarde, Hemílcio Fróes, superintendente da emissora, que estivera no Palácio Guanabara até aquele momento, chamou-nos a seu gabinete — eu, Mário Lago, Teixeira Filho, os que estavam no comando da "rede da legalidade" — e pôs um fim à quixotesca batalha sonora que estávamos travando, na verdade a única que se travou.

— Acabou. Jango já deixou o Palácio Guanabara, está voando não sei pra onde.

Senti-me um pouco ridículo. Jango era mesmo um fraco, não estava à altura do papel de protagonista naquele drama, incapaz que era de assumir as responsabilidades que a história lhe reservara e reverter o rumo dos acontecimentos. Recusara-se a autorizar qualquer resistência, qualquer contra-ataque. E acho, estou convencido de que duas ou três bombinhas jogadas sobre a *Vaca Fardada e* seus bezerros-recrutas-mineiros, e eles estariam correndo até hoje — os demais golpistas tratariam de "negociar", como é de nossa pragmática tradição político-militar.

Naquele mesmo instante, Hemílcio era chamado ao telefone, o operador-chefe do transmissor informava:

— Estou com um tanque e um canhão apontando pra mim. O que é que eu faço? Se o senhor mandar resistir, eu resisto.

— Resistir como, meu filho? Entregue essa merda.

Tomado o transmissor, não tardariam a tomar os estúdios; permanecer ali era tolice, seríamos fatalmente presos. Quem sabe poderíamos ainda ser úteis num foco qualquer de resistência? Naquele momento, não tínhamos ainda a noção de que não haveria resistência alguma. Eu estava sem carro, Teixeira Filho ofereceu-me uma carona; ele, como assistente da direção, estava usando um carro da própria empresa. Do outro lado da Praça Mauá, César de Alencar esperava covardemente que deixássemos a rádio para tomá-la *mano militari* e empossar-se como diretor (sua primeira medida foi relacionar todos os "comunistas" e entregar mais de 100 colegas, como consta nos autos do IPM).

Quando passamos em frente à UNE, o prédio estava sendo incendiado, havia uma multidão gritando "Morram os comunistas". Afundei no banco, temendo ser reconhecido. Passamos por minutos de terror, vendo o fogaréu em que se transformara o edifício-sede da representação estudantil, berço de tantos movimentos culturais, incluindo o Centro Popular de Cultura. Pensei nos amigos e companheiros Vianinha, Gullar, Leon Hirshman, Werneck — estariam lá, prisioneiros das chamas de uma nova Inquisição?

— Vamos sair daqui, senão nós é que vamos ser jogados na fogueira.

Teixeira deixou-me em casa e seguiu. Janete e mamãe assustadas, a televisão ligada, Flávio Cavalcanti transmitindo histericamente a "heroica tomada do Forte Copacabana" pelo folclórico coronel Montanha (mentira histórica, não houve resistência alguma, a guarnição da fortaleza já aderira ao golpe, o único tiro disparado, por um capitãozinho trêmulo e apavorado, foi contra a perna do sargento Fernando de Miranda Barros, que viria a ser meu advogado e fraterno amigo anos depois), meus filhos, Guilherme e Denise, sem nada entenderem; as explicações eram inúteis, Teixeira voltaria cinco minutos depois:

— Não podemos ficar em casa — gritou, do carro —, a Rádio Globo está dando os nomes dos comunistas da Rádio Nacional que devem ser presos, escutei nossos nomes!

Um minuto antes, eu havia recebido um telefonema de meu velho amigo dos tempos da Rádio Bandeirantes, Luiz de Oliveira. Estava hospedado num hotel da Avenida Mem de Sá e se punha à minha disposição. Janete arrumou às pressas uma maleta com um pijama, alguns objetos de uso pessoal e voltei a meter-me no carro. Quando já estávamos a uns 200 metros do hotel, escutamos pelo rádio:

— Atenção, viatura roubada. Foi furtado o carro da Rádio Nacional placa número...

Era o nosso. Largamos o carro em cima da calçada e fizemos o resto do percurso a pé.

Era um velho hotel de quinta categoria, hospedagem de prostitutas e caminhoneiros, mas, como refúgio, pensamos, era o ideal, pois a polícia ou o Exército não pensariam em nos procurar ali. Passamos a noite acordados, remoendo os últimos acontecimentos, ainda incrédulos, porque era realmente inacreditável que um governo que se dizia apoiado num forte esquema militar tivesse desmoronado assim, em poucas horas, sem disparar um tiro. Vozes e ruídos estranhos vinham dos fundos do hotel, carros chegando e saindo durante toda a noite, aumentando a minha dor de cabeça. Por vezes, eu cochilava durante alguns segundos e logo despertava de um pesadelo em que aqueles ruídos aumentavam, assustadores, reforçados pelas imagens da UNE pegando fogo e do povo nas ruas comemorando, estupidamente, sua própria derrota. Naquela mesma noite, em Montevidéu, o grupo teatral El Gapon encenava *A invasão*, com direção de José Renato e, juntamente com a queda do Governo Goulart, era anunciada à plateia a minha prisão. O espetáculo revestiu-se de inusitada emoção.

Pela manhã, viemos a saber: o hotel dava fundos para um quartel do Exército, os ruídos eram de viaturas militares, carros de assalto. Não poderíamos ter escolhido pior lugar para nos esconder. Tratamos de sair dali; Oranice Franco, um redator da rádio, pôs à nossa disposição um pequeno apartamento de quarto e sala no Jardim de Alah. O prédio fora construído pelo Sindicato dos Jornalistas e, por isso, era habitado por muitos amigos nossos, como Oduvaldo Vianna, pai, Alex Vianny e outros conhecidos homens de esquerda, o que o tornava extremamente perigoso como refúgio. Além do mais, Oduvaldo visitava-nos três ou quatro vezes por dia, trazendo frutas, tortas, num entra-e-sai que se tornaria suspeito caso houvessem agentes da polícia por ali à nossa procura. Fizemos uma pequena reunião, eu, Hemílcio e Teixeira, e decidimos buscar asilo na Embaixada da Argentina. Quando íamos pela Avenida Fonte da Saudade, passando pela esquina da Rua Baronesa de Poconé, onde morava Flávio Rangel, mudei de ideia.

— Para. Vou descer aqui.

— Descer? — reagiram os dois quase ao mesmo tempo. — Você está louco?

— Não estou, não. Vim pelo caminho pensando, não tenho temperamento para suportar um exílio. Prefiro ficar e enfrentar o que der e vier.

Eles seguiram, e eu me refugiei por uns dias no apartamento do Flávio. Teixeira fugiu uma semana depois da Embaixada da Argentina, pulando o muro. Hemílcio seguiu para o exílio, e imagino que se tenha arrependido amargamente.

Flávio tinha formação esquerdista, mas nunca se envolvera ostensivamente em qualquer ação revolucionária, não era "pintado". Por isso fora escolhido para atuar como uma espécie de pombo-correio entre os refugiados. Paulo Francis estava escondido numa *garçonnière* em Copacabana, apavorado, achando que, se fosse apanhado, seria fuzilado devido aos violentos artigos que vinha escrevendo na *Última Hora*. Àquela época, ainda se considerava um homem de esquerda, mais precisamente um trotskista, em que pese alguns laivos de esnobismo e até mesmo de racismo, que já prenunciavam o direitista extremado em que se transformaria depois. Nossa amizade datava de quatro anos antes, fora ele o primeiro tradutor de *O pagador* para o inglês (tradução de que se apropriara Stanley Richards, que não sabia uma palavra de português, assinando-a e dando-lhe o ridículo título de *Journey to Bahia,* com o qual foi publicada e encenada em Washington). Estávamos juntos, eu, ele e Flávio, quando chegou a notícia de que Norma Bengel havia sido presa. Sua reação foi curiosa.

— Norma Bengel! — repetiu, articulando bem as sílabas, dimensionando o absurdo. — Mas como que prendem a Norma Bengel e...

Não terminou, mas era fácil concluir. Prendem a Norma Bengel e eu continuo em liberdade. Em seu egocentrismo, sua imensa vaidade, sentia-se desprestigiado. Afinal, era preciso haver certa hierarquia nessas prisões. Estava morrendo de medo, mas pior do que tudo era ser menosprezado. Fomos visitá-lo uma noite na *garçonnière* e o encontramos inquieto como um animal enjaulado. Antes que falássemos qualquer coisa, entregou a Flávio uma receita.

— Vai na farmácia, compra esse remédio.

Flávio saiu. Transitava livremente, era "um cidadão acima de qualquer suspeita". Minutos após, voltou, pálido, com um jornal de São Paulo.

— Veja o que diz aqui!

O título da matéria dizia tudo: "Dops procura Flávio Rangel." Ele, o insuspeito, estava sendo caçado pela polícia. Francis pegou o jornal, colocou-o na distância de sua miopia, os lábios contraídos num muchocho, como costumava fazer quando o assunto era de somenos importância, e cobrou, indignado:

— E o meu remédio, porra? Não comprou?

Nuvens carregadas de maus vaticínios toldavam os céus naqueles primeiros dias de abril. Policiais e oficiais do Exército vasculhavam a cidade à cata de "subversivos". Eu estava a 500 metros de minha casa, mas não me atrevia a ir até lá. Eu e Janete nos comunicávamos por telefone, com o cuidado de não mencionar nomes e não falar mais do que alguns segundos. Vim a saber que um capitão do Exército, comandando alguns homens, havia sido incumbido de capturar alguns inimigos do novo regime, eu entre eles. Esse capitão era meu primo e, sem ao menos passar por minha casa, declarara não ter-me encontrado. Primeiro a família, depois a pátria. (Hoje lamento esse gesto de solidariedade familiar, porque não ter sido preso é uma falha na minha biografia que me envergonha, uma injusta lacuna, pois, por tudo que fiz, sem modéstia, eu acho que merecia uma honrosa cadeia.) De qualquer modo, depois de sabermos que Flávio também estava sendo procurado pela polícia paulista, seu apartamento não oferecia mais segurança. Paulo de Oliveira, que já se prestara a assinar os programas que eu escrevia para a TV Tupi no ano de 1953, levou-me para a fazenda de seus pais, no quilômetro 100 da Rio--São Paulo. Lá fiquei durante um mês, na companhia de um casal de simpáticos velhinhos que, se sabiam, fingiam ignorar o motivo pelo qual eu lá estava. Passava os dias caminhando pela mata ou sentado à sombra de uma árvore, em tédio mortal, imaginando o que estaria acontecendo com minha família, principalmente. Tentava ler, mas não conseguia concentrar a atenção. As notícias que escutava pelo rádio eram aterradoras e estimulavam minha imaginação a desenvolver um processo de autodestruição. Imaginava que poderiam torturar minha mulher e meus filhos para obrigá-los a revelar meu esconderijo. E era atormentado pelo sentimento de culpa por tê-los deixado indefesos. Havia sido demitido da Rádio Nacional por um ato do "Supremo Comando da Revolução", e Janete fora avisada por Floriano Faissal, nosso amigo e diretor do Departamento de Radio-

Teatro, de que meu nome constava de uma lista dos que seriam presos se tentassem entrar nos estúdios (valendo-se disso, demitiram-me, novamente, 30 dias depois, por "abandono de emprego", quando eu já havia sido demitido pelo Ato Institucional N° 1 — ao que parece, os golpistas de 1º de abril não estavam lá muito convictos da validade do ato de seu comando).

Janete foi de enorme bravura e comovente solidariedade durante esse período dramático de nossa vida. Assumindo sozinha a pilotagem do barco familiar, enfrentando a tempestade consciente dos perigos que todos corríamos, nunca ouvi dela uma palavra de queixa ou recriminação, embora, intimamente, talvez me censurasse por assumir posições políticas que acabavam por levar a família a momentos de tanta incerteza. Ou Flávio ou Paulo levavam-na todo fim de semana para visitar-me, e eu via, sim, via medo, muito medo em seus olhos, mas nunca um lamento. Eram curtos momentos em que eu me reencontrava com a alegria de viver — mergulhava depois em funda depressão, logo que ela se ia. Criado no asfalto, contaminado pela poluição audiovisual das grandes cidades, condicionado à música dodecafônica das buzinas, nunca consegui suportar por mais de dois ou três dias a placidez bucólica do campo. O recolhido silêncio tão decantado pelos poetas, aquele silêncio informe, sem começo e sem fim, atacava-me os nervos, levava-me ao desespero, começando a adquirir contornos de uma enorme bolha em estado pastoso que pesava sobre minha cabeça e me obliterava o cérebro. E eu estava ali há quase 30 dias, imerso na não matéria, no não tempo, prestes a me transformar em molusco. Após a visita semanal, Janete e Flávio despediram-se de mim e meteram-se no carro. Num repente, gritei:

— Esperem! Eu vou com vocês!

— Olha, eu não aconselho — disse Flávio. — Você vai ser preso.

— Prefiro. A prisão não pode ser pior do que isto aqui.

Enquanto eu perambulava de esconderijo em esconderijo, em Washington, *O pagador* era encenado, com direito a pré-estreia patrocinada pelo nosso embaixador nos Estados Unidos, Juracy Magalhães. Como faria depois em vários países — às vezes até, por incrível que pareça, isentando do pagamento de direitos os grupos que a encenavam, dizendo falar em meu nome —, o Itamaraty locupletava-se com o sucesso de minha peça no exterior, enquanto aqui eu era perseguido e punido pelo regime militar.

16

Iniciava-se um período de trevas; muitos achavam que não duraria seis meses — durou 20 anos. Curiosamente, o teatro foi eleito perigoso inimigo do novo regime. Talvez porque fosse das casas de espetáculo, das assembleias que aí se realizavam, dos manifestos que delas resultavam que partiam os primeiros protestos contra a ditadura instalada. Seria injusto esquecermos vozes isoladas que se ergueram de imediato na imprensa — Carlos Heitor Cony e alguns outros —, mas foi no teatro que se fez a primeira denúncia organizada contra o estado de coisas criado pelo golpe militar. Também a montagem de alguns textos clássicos, como *Antígona, Electra* e *Andorra,* provocavam ilações. E com o show *Opinião,* que viria a dar origem ao Teatro Opinião, levantava-se uma barricada de resistência ao obscurantismo que começava a cair sobre o país como uma nuvem de gazes paralisantes. Fundado por intelectuais de esquerda, todos oriundos do CPC da UNE, o Teatro Opinião, por meio de seu show inaugural, firmou uma posição inconformista que expressava sentimentos e estimulava atitudes de rebeldia por meio de músicas, como o samba de Zé Keti "podem me prender/

podem me bater/ podem até deixar-me sem comer/ que eu não mudo de opinião". E o público lotava o improvisado espaço da Rua Siqueira Campos para ouvir, em momentos de efêmera catarse, aquilo que gostaria de dizer. Apesar das prisões, das cassações, ainda eram bons tempos diante dos que viriam. Ainda se podia, de uma forma ou de outra, protestar, por meio de músicas, de peças ou manifestos. A partir de dezembro de 1968, com o Ato Institucional N° 5, toda e qualquer liberdade de expressão seria suprimida, e o teatro particularmente visado. Num dos IPMs a que respondi, nos anos 1970, um coronel encarregado do inquérito, antes mesmo de iniciar o interrogatório inquisitorial, leu um artigo que eu havia escrito na *Revista Civilização Brasileira*, pedindo-me para confirmar a autoria. Eis um trecho do artigo: "Em primeiro lugar, devemos levar em conta o caráter de ato político-social inerente a toda representação teatral. A convocação de um grupo de pessoas para assistir a outro grupo de pessoas na recriação de um aspecto da vida humana é um ato social. E político, pois a simples escolha desse aspecto da vida humana, do tema apresentado, leva o autor a uma tomada de posição. Mesmo quando ele não tem consciência disso. Claro que podemos generalizar, em qualquer arte, o artista *escolhe* o seu tema. E, no mundo de hoje, escolher é participar. Toda escolha importa em tomar um partido, mesmo quando se pretende uma posição neutra, abstratamente fora dos problemas em jogo, já que o apoliticismo é uma forma de participação pela omissão, pois favorece o mais forte, ajudando a manter o *status quo*. Toda arte é, portanto, política. A diferença *é* que, no teatro, esse ato político é praticado diante do público. Essa a característica essencial da função dramática: ela *acontece*. É presente, não passado. Ao contrário da pintura, da escultura, da literatura, ou mesmo do cinema, que *já aconteceram* quando são oferecidos ao público, o teatro possibilita a este testemunhar não a obra realizada, mas em realização. E, sendo testemunha, como num julgamento, influir nela. Além disso, o teatro é a única arte (no meu entender, a dança também é teatro) que usa a criatura humana como meio de expressão. No cinema, a *imagem* da criatura humana é utilizada, não a criatura *viva,* sensível, mortal. Esse meio de expressão, mais poderoso que qualquer outro, torna o teatro a mais comunicativa e a mais social de todas as artes, aquela que de maneira mais *íntima* e reconhecível pode apresentar o homem em sua luta contra o destino — em última análise, a razão de ser da arte dramática, dos gregos aos nossos dias, embora o conceito de destino tenha variado. Esse caráter de ato político-social da representação teatral, ato que se realiza *naquele* momento e *com* a participação do público, não pode ser esquecido se quisermos entender por que coube ao teatro um papel destacado na luta contra o *status quo* implantado em abril de 1964. O teatro era, de todas as artes, aquela que oferecia condições para uma resposta imediata e mais comunicativa. Era também a que possibilitava ao povo, tão insatisfeito quanto os autores e participantes dos espetáculos, desabafar a sua insatisfação, *lavar a alma,* desalienar-se. Pois se a alienação consiste no fato de os homens não se reconhecerem no produto de seu próprio trabalho, como definia o jovem Marx, a desalienação pode ser obtida pelo reconhecimento de si mesmo no trabalho alheio, tal como se verifica na arte e, particularmente, no teatro (...) A plateia que ia assistir ao show *Opinião,* por exemplo, saía com a sensação de ter *participado* de um ato contra o governo. Melhor seria se ela saísse disposta a fazer algo que modificasse a situação, não há dúvida."

— Foi o senhor mesmo quem escreveu este artigo? — insistiu o coronel, fuzilando-me com o olhar.

— Não está assinado por mim?

— Responda, sim ou não.

— Sim, claro, fui eu.

— É esse o seu pensamento sobre o teatro?

— Claro. — E é bom que eu o reafirme hoje, em fins da década de 1990, quando se contesta o caráter político do teatro, achando alguns, por ignorância ou por idiotice, que isso é "coisa do passado".

Em 1963, eu tinha escrito *O berço do herói* e, em princípios de 1964, havia entregue os originais à Editora Civilização Brasileira para publicação. Quando sobreveio o golpe militar, Mário da Silva Brito, temendo que fossem apreendidos pela ditadura, escondeu-os em sua casa. De sorte que, logo que houve condições para isso, já em 1965, o texto da peça foi publicado, pouco antes da primeira tentativa de encenação. A essa altura, eu já tinha concluído *O santo inquérito*, peça nascida de minha indignação e de meu desejo (ou dever) de denunciar a repressão generalizada, em particular no campo das ideias. Tendo minha casa invadida pelo Exército à procura de livros "subversivos" (durante a constrangedora revista, um oficial chegou a abrir uma bolsa de Janete, que protestou com veemência), indiciado em vários Inquéritos Policiais Militares, os famigerados IPMs, novamente desempregado, eu vinha desenvolvendo imperiosa necessidade de revidar de alguma forma, de denunciar o barbarismo que se instalava. Um texto direto, dando nomes aos bois, era impossível. Teria que apelar para uma metáfora. Em minhas pesquisas de folclore para o programa radiofônico *Todos cantam sua terra*, eu me havia deparado com a figura de Branca Dias que, segundo a lenda muito difundida na Paraíba, fora queimada pela Santa Inquisição. A semelhança entre os processos da Santa Inquisição e os IPMs (a caça às bruxas, a pressuposição de culpa sem direito de defesa, a manipulação de dados e a deturpação do sentido das palavras e dos gestos) fornecia-me a metáfora de que eu necessitava. Uma pesquisa mais aprofundada levara-me à conclusão de que, embora seu sacrifício num Auto de Fé possa ser historicamente contestado, a judia convertida, cristã nova, Branca Dias realmente existira e fora perseguida pela Inquisição; a mim, como dramaturgo, era isso que importava. Não iria escrever uma peça histórica, mas uma obra de ficção baseada numa lenda, tomando, mesmo, liberdades poéticas, que alguns idiotas poderiam mais tarde acusar de "inverdades históricas". O que importava, sobretudo, era que Branca Dias era uma personagem emblemática, simbolizava a criatura em defesa de sua integridade e seu direito de ser. E, como a peça se passava no século XVIII, a Censura não teria como a proibir. De tal artifício já lançara mão Arthur Miller, quando escreveu *The Crucible*, visando a condenar o macartismo.

As primeiras tentativas de encenar a peça foram frustradas. José Celso Martinez Corrêa ia encená-la no Teatro Oficina, quando um incêndio destruiu sua casa de espetáculos. Enviei uma cópia a Fernanda Montenegro, e três meses depois ela me devolveu, alegando não ter tido tempo de ler, o que me deixou bastante chocado. Inscrevi a peça no concurso anual do Serviço Nacional de Teatro e ela foi desclassificada após ganhar o primeiro prêmio: alguém apresentou um recorte de jornal (segundo Antunes Filho, que fazia parte do júri, foi Yan Michalski, que prefaciaria a primeira edição da peça e cuja crítica à sua primeira encenação seria altamente elogiosa) em que eu revelava ao crítico teatral Van Jaffa estar escrevendo um drama cujo título era *O santo inquérito;* isso foi considerado pela presidente do júri, D. Bárbara Heliodora, quebra de sigilo. O curioso é que, anos depois, esse mesmo concurso viria a premiar póstuma e justamente o belo texto de Oduvaldo Vianna Filho, *Rasga coração,* cuja autoria fora fartamente divulgada pela imprensa após sua morte.

Naquele momento, estava em ensaios no Teatro Princesa Isabel *O berço do herói*, com direção de Antônio Abujamra, música de Edu Lobo, tendo Tereza Rachel, Milton Moraes e Sebastião Vasconcelos nos principais papéis. As ideias formalistas do Living Theatre, que teriam nefasta influência sobre nossos encenadores, começavam a chegar ao Brasil, mas ainda não tinham sido bem digeridas. Não sei se Abujamra estava ou não influenciado por elas, o fato é que seu espetáculo prenunciava conceituações estéticas que posteriormente José Celso assumiria de forma integral e que descambariam no chamado "teatro de agressão" e resultariam na deserção das plateias (em Salvador, numa encenação de *O bem-amado,* anos depois, o diretor chegaria ao extremo de fazer com que os atores descessem do palco, após o apagar das luzes do intervalo e corressem pela passarela central esbofeteando os espectadores). Abujamra estava muito longe disso e nem chegaria a esse desatino. Mas em sua cabeça as ideias que começava a absorver ainda não estavam maduras e certamente causariam um choque (positivo ou negativo), se o espetáculo não tivesse sido proibido na noite da estreia. Melhor será transcrever o artigo que publiquei na época na *Revista Civilização Brasileira* sobre o kafkiano episódio.

"No imenso e soturno gabinete do superintendente da Polícia Judiciária do Estado da Guanabara, três homens afundados em graves poltronas. Dois falavam, o terceiro apenas ouvia, ar impenetrável. Diálogo:

— A peça está proibida.
— Mas o texto não foi aprovado pela Censura?
— Foi.
— Por que então a proibição?
— Porque o texto sofreu alterações durante os ensaios.
— Mas isso é comum.
— Mas não pode. Não está de acordo com o texto aprovado.
— Podemos levar então o texto aprovado?
— Não.
— Por quê?
— Porque fizeram alterações no texto aprovado.
— Suprimimos as alterações, levamos o original sem mudar uma vírgula. Podemos?
— Não.
— Mas por quê?!
— Porque o original foi alterado.

Nem Kafka nem Ionesco colaboraram nesse diálogo. Ele foi travado entre o Sr. Sales Guerra, superintendente da Polícia Judiciária, e este modesto bolador de histórias teatrais. O terceiro homem, o que não falava, era o próprio chefe da Censura Estadual, Sr. Asdrúbal Sodré Júnior.

— Os senhores infringiram o artigo 41 do Regulamento.

— Perdoe-me a ignorância, mas não conheço esse artigo. O senhor poderia enunciá-lo para mim?

— Ah, não sei. Também não sou obrigado a saber de cor todos os artigos de todas as leis.

— Mas o chefe da Censura deve saber.

— Eu? — O Sr. Asdrúbal desencastelou-se de seu mutismo e mostrou-se surpreso. — Por quê?

— Porque o senhor é o chefe da Censura.

— Quem aplica o artigo é o censor, no parecer.

— E o parecer? Posso ver o parecer?

— Não. O parecer é confidencial.

— Mas eu preciso saber do que me acusam.

— O senhor é acusado de ter infringido o artigo 41. Não basta?

Achei que não bastava. Na véspera, às cinco horas da tarde, *O berço do herói* fora proibida pela Censura do Estado, quando deveria subir à cena às nove da noite do mesmo dia. A medida nos deixara perplexos porquanto os originais enviados aos censores, com 45 dias de antecedência, haviam obtido total aprovação. Mas, como é de praxe, somente após o ensaio geral se daria a liberação definitiva do espetáculo. Esse ensaio realizou-se um dia antes da estreia (que não houve), com a presença dos censores e mais quatro misteriosos cavalheiros de pedra (não falavam, não sorriam, acho que nem sequer pensavam). Ao terminar, indaguei se o espetáculo estava aprovado.

— Não podemos dizer nada. Só amanhã.

— Amanhã? Amanhã é o dia da estreia. Se há algum corte, precisamos saber com antecedência.

O censor, aliás censora, olhou para os quatro cavalheiros de pedra, que não falaram, não sorriram, não piscaram e repetiu:

— É, mas só amanhã.

No dia seguinte, veio a proibição. Não foi determinada pelos censores que, em seus relatórios, aprovaram o espetáculo, assinalando apenas algumas alterações introduzidas no texto e sugerindo a supressão das mesmas; a proibição foi determinada pelo próprio chefe do Serviço de Censura, que não leu o texto nem assistiu ao ensaio. Nessa mesma noite, por volta das 21 horas, compareceu ao Teatro Princesa Isabel um policial. Vendo que dezenas de espectadores, ainda não informados da proibição, aglomeravam-se à porta do teatro, julgou que tencionássemos dar espetáculo e ameaçou chamar um choque da Rádio Patrulha. E quando lhe expliquei que desejava comunicar pessoalmente ao público a proibição da peça, opôs-se formalmente.

— O senhor não pode fazer isso.

— Por quê?

— Porque a peça não está proibida.

— Como assim?

— A peça não foi liberada.

— E não é a mesma coisa?

— Não.

— Qual a diferença, se de qualquer forma não podemos encená-la?

— Mas a diferença existe. Pode ficar certo de que existe.

Não existia. Pouco depois, o chefe da Censura gritava pelo telefone no ouvido do diretor Antônio Abujamra:

— Proibida. A palavra é essa mesma: PRO-I-BI-DA!

O público que viera à estreia ainda se aglomerava no saguão do teatro quando chegaram dois censores, o Sr. Ottati e o Sr. Machado. Amáveis, simpáticos, compreensivos, até mesmo sorridentes, pudemos enfim ter com eles um diálogo rigorosamente dentro da lógica aristotélica. Explicou-nos o Sr. Ottati que a proibição era consequência de alguns acréscimos havidos durante os ensaios (...) tomou do texto e apontou todas as modificações que deveriam ser feitas se quiséssemos ter o espetáculo aprovado. Eram substituir a bandeira verde-amarela que cobria a estátua do herói por outra com outras cores, mudar o tratamento de duas personagens (de *general* para *emissário do Ministério da Guerra* e de *major* para *deputado*) substituir *IPM* (Inquérito Policial Militar) por *inquérito* e indefinir o local de ação da peça, suprimindo os substantivos *Brasil, Salvador* e *Rio de Janeiro* sempre que mencionados. Eu e Abujamra concordamos em realizar essas alterações, já que elas em nada alteravam o sentido do texto ou do espetáculo. Não se tratava, portanto, de abrir mão de nossa liberdade de expressão (...) Dias depois, o Dr. Sobral Pinto, famoso advogado, abraçou nossa causa. Sua participação na luta pela liberação da peça determinou uma mudança de tática das autoridades: passaram a dizer que o espetáculo seria liberado. Era tudo uma questão de tempo. E durante quinze dias, todas as noites, o elenco maquiou-se e vestiu-se para aguardar a Censura. Inutilmente. Vinha sempre uma justificativa por intermédio do Dr. Sobral Pinto: "Eles não puderam vir hoje, mas virão amanhã. Não se desesperem." Não nos desesperamos. A classe teatral estava solidária, dava provas de repúdio à atitude da Censura. Vários elencos leram em cena aberta uma nota dedicando o espetáculo ao elenco de *O berço do herói*. Comissões representando várias companhias percorreram redações de jornais, lançando o seu protesto. Escritores, cineastas, advogados, uniram-se a nós nas assembleias de classe, compreendendo que a luta não era só nossa. E decidiram apressar a publicação de uma carta dos intelectuais e artistas, dirigida ao presidente da República, em defesa da liberdade de pensamento. A carta foi publicada com cerca de 1.500 assinaturas. No Senado e na Câmara Estadual, vozes se ergueram em protesto. Tudo isso nos deu ânimo para resistir duas semanas, findas as quais compreendemos que estávamos sendo vítimas de punição econômica. Queriam vencer-nos, destruindo-nos economicamente, pois a empresa não poderia resistir indefinidamente tendo que arcar com as despesas de um elenco parado. Era tática covarde e desumana. E, desde que, segundo todas as indicações, os censores e o superintendente da Polícia Judiciária, à qual estava subordinada a Censura, eram favoráveis à revisão imediata do veto que nos fora imposto, restava saber de onde partia de fato esse veto. Todos diziam que a coisa vinha "de cima". De quem? Do ministro da Guerra? Do Presidente da República? De algum embaixador estrangeiro? Realizamos sondagens em diversas áreas, e os resultados foram sempre negativos. Nada com o Exército. Nada com a Igreja. Nada com Brasília. De onde vinha, então, a voz que ordenara a nossa destruição? Seria de Deus? Tentando resolver o mistério, os atores do elenco de *O berço* decidiram ir, incorporados, à presença do governador do estado, Carlos Lacerda, que tiveram a sorte de encontrar de saída, à entrada de seu famoso triplex na Praia do Flamengo. Sem levar em conta a presença de algumas atrizes, como Tereza Rachel, Ana Maria Nabuco, Maria Esmeralda, Ilva Niño etc., o governador mostrou-se pouco cortês.

— Já sei, vocês vêm falar de *O berço do herói*. Não adianta. Li a peça. É pornográfica e subversiva. Fui eu que mandei proibi-la.

— Mas, governador — ponderou Tereza Rachel —, a peça havia sido aprovada pela Censura.

— Eu sei — respondeu, irritado. — Mas enquanto houver Constituição (!!!) neste país, peças desse tipo não serão permitidas. De agora em diante vou ler todas e proibir uma por uma. Há algumas em cartaz que já deviam ter sido proibidas. A de Nelson Rodrigues, por exemplo. Mas Nelson é só pornográfico. Dias Gomes é pior, é pornográfico e subversivo. E vão embora daqui. Vão embora. Se quiserem fazer revolução — completou, gesticulando, tangendo as atrizes, que recuavam, amedrontadas —, peguem em armas!

Com esse desafio algo surrealista, deu as costas, entrou em seu luxuoso carro oficial e partiu, deixando os atores perplexos. Estava solucionado o mistério: a esfinge chamava-se Carlos Lacerda. Curioso, alguns anos depois, totalmente esquecido desse episódio e já caído em desgraça, o mesmo Lacerda me mandaria um recado por intermédio de uma amiga comum, a atriz Maria Fernanda: gostaria muito de escrever uma telenovela em parceria comigo... Lacerda era autor de duas obras-primas da dramaturgia universal, *O Rio* e *A bailarina solta no mundo*, e também tradutor de peças de alto nível, *Como vencer na vida sem fazer força*, uma delas.

Na noite seguinte, reunida em assembleia, a classe teatral discutiu maneiras de tornar público o seu protesto. Houve várias sugestões, algumas excessivas, como a de um empresário que propôs, como represália, que todas as companhias representassem, antes dos respectivos espetáculos, 15 minutos da obra-prima do governador, *O Rio*. A ideia não foi aceita porque resultaria na punição de um inocente: o público. A proposta aprovada foi a de uma noite de vigília no Teatro Princesa Isabel. Noite de vigília e protesto, que foi a seguinte, com o comparecimento de gente de teatro, além de jornalistas, cineastas, músicos etc., que conosco vieram solidarizar-se. Como uma forma também de protesto e desagravo a este autor, os dirigentes do Movimento Tempo Brasileiro, produtores do espetáculo, por proposta de Alfredo Marques Vianna, decidiram encenar imediatamente *O pagador de promessas*, aproveitando o elenco de *O berço*. Dias depois, um matutino publicava um despacho do secretário de Segurança, coronel Gustavo Borges, justificando a proibição da peça e negando nova censura. O documento (uma das mais brilhantes páginas da história da estupidez humana) acusava-nos, entre outras coisas, de pretender implantar uma "ditadura cultural através do abuso de liberdades democráticas e em estrita obediência à recente diretriz do Partido Comunista Brasileiro".

Contestando esse despacho, a crítica teatral do jornal *Última Hora*, Thereza Cesário Alvim, em sua crônica "Um Despacho Infeliz", dizia: "... o Coronel Gustavo Borges termina seu despacho com uma série de impedições sobre o texto e o espetáculo. Fala em glorificação do lenocínio e da corrupção de costumes, o que representa exatamente o contrário da verdade. Diz que há desprestígio para as Forças Armadas na ridicularização de um herói da FEB, como se esse herói houvesse, realmente, existido, e como se as Forças Armadas dos EUA estivessem desprestigiadas pelo fato de terem desertado 4.000 homens das suas fileiras durante a guerra de 39/45. Quanto às alegadas 'ofensas às religiões' e à Virgem Santíssima, que tanto escandalizaram o Coronel, deve estar ele querendo ser mais realista do que o Rei, ou mais católico do que o Papa, pois Alceu Amoroso Lima, líder católico (a nosso ver autoridade bem mais respeitável nesse assunto do que o Coronel), em seu artigo 'O Joio e o Trigo', no qual protesta contra a proibição do espetáculo, assim define a peça: '... do ponto de vista ético-social, uma sátira perfeitamente justa ao mau padre, ao mau político, ao mau militar, com cenas que naturalmente excluiriam a entrada de menores'. E transcrevamos mais algumas palavras de Tristão de Athayde (que por sinal tem sérias discordâncias com o espetáculo), pois elas valem infinitamente mais do que todas as que possamos escrever, 'O que condena o ato dos censores e o coloca na longa série de atentados do terrorismo cultural transcende o caso particular da peça. É apenas um sintoma. Devemos ou não cumprir a parábola do Evangelho? Devemos ou não permitir que, mesmo aquilo que não aprovamos — do ponto de vista moral, político ou estético — tenha livre curso, para que precisamente possamos fazer prevalecer o bem sobre o mal, na 'hora da messe' e não na hora da semeadura? Em suma, devemos considerar a liberdade apenas como um fim ou também como um meio? A não ser que não a queiramos, nem como um fim nem como um meio..."

Na verdade, foram os militares que proibiram a peça por acharem inaceitável a saga do cabo desertor das forças expedicionárias, já que soldado brasileiro não deserta jamais, todos sabem disso, embora centenas de americanos tenham desertado na Guerra do Vietnã. Acontece que eu me havia inspirado num fato verídico, narrado por Euclides da Cunha em *Os sertões,* o caso do Cabo Roque, ordenança do coronel

Moreira César na Guerra de Canudos, dado por morto heroicamente defendendo seu coronel, cuja memória fora cumulada de homenagens, e que na verdade não morrera, apenas desertara, aparecendo vivo tempos depois.

Apesar da proibição da peça, vendi os direitos cinematográficos para Herbert Richers e elaborei o roteiro que Richers, por precaução, mandou a Brasília, antes de iniciar as filmagens. A resposta veio do general Riograndino Kruel, na época superintendente da Polícia Federal: "Diga ao Dias Gomes que pode tirar o seu cavalinho da chuva porque, enquanto nós estivermos no poder, essa peça não será encenada e nem filmada." Era a prova cabal de que a proibição viera mesmo dos militares. Mas o texto já estava publicado e à venda em todas as livrarias, com prefácio de Paulo Francis e orelha de Ênio Silveira, ambos mais antimilitaristas do que a própria peça. Em seu prefácio, Francis afirmava candidamente: "A peça é naturalmente subversiva." Por isso, outro general, cujo nome esqueci, e a história também, pediu a prisão dos autores da peça, do prefácio e da orelha. Felizmente não o levaram a sério. Dez anos depois, eu tentaria levar *O berço* à televisão em forma de novela, com o título trocado para *Roque Santeiro*. Enquanto trabalhava na adaptação, recebi um telefonema de Nelson Werneck Sodré. Confidenciei-lhe o que estava fazendo.

— Não passa — disse Nelson —, os milicos não vão deixar.

— Mas eu mudei o título e os nomes das personagens. Também o protagonista não é mais cabo da Força Expedicionária, é um fazedor de santos. Claro, o sentido da história continua o mesmo.

— Ah, assim é capaz de passar, esses milicos são muito burros.

E caímos na gargalhada. Acontece que o telefone de Nelson estava grampeado, e toda a nossa conversa fora gravada pelo Dops. Como resultado, a novela também foi proibida. Só viria a ser liberada em 1985, alcançando enorme sucesso, chegando alguns de seus capítulos a marcar 100% dos aparelhos ligados. Sucesso que incomodou alguns intelectuais. Antonio Callado foi a Moacyr Werneck de Castro, articulista do *Jornal do Brasil,* munido de alguns recortes, entre eles, um que tinha por título: "Roque Santeiro hipnotiza o Brasil", entrevista concedida por mim, na qual a repórter colocava em minha boca essa frase, que nunca pronunciei. Callado, indignado, pediu a Moacyr que escrevesse um artigo refutando minha pretensão; ele não fora em momento algum hipnotizado por minha novela. E foi plenamente atendido. Moacyr Werneck, até então sempre generoso em promover meu teatro, desancou-me em violento artigo. Lançada em outros países, *Roque* alcançaria o mesmo êxito, notadamente em Portugal e em Cuba. Aqui, um fato constrangedor: segundo depoimento de um exilado anticastrista a um jornal americano, a hora da novela era aproveitada pelos que desejavam fazer-se ao mar rumo a Miami porque nesse momento "toda a ilha estava com os olhos vidrados na novela, até mesmo Fidel Castro". Involuntariamente e contra meus princípios, eu estava ajudando os dissidentes a se evadirem.

Mas voltemos a *O santo inquérito.* Ante as dificuldades de encontrar um produtor, decidi eu mesmo produzi-la. Como não possuía o capital necessário, Ênio Silveira tomou a iniciativa de reunir um grupo de amigos que se quotizaram, e Ziembinski foi por mim convidado a dirigi-la. Um desses amigos quotistas era Paulo Gracindo, que interpretou o Visitador nessa primeira montagem. Foi imposto por mim, contra a vontade de Ziembinski, não porque participava da produção, mas porque era um grande ator ainda não reconhecido. Eu descobrira isso ao adaptar para a televisão *A pérola,* de John Steinbeck, poucos anos antes, para o teleteatro da TV Rio. Paulo fizera o protagonista, o papel imortalizado no cinema por Pedro Armendarez, e nada ficara a dever. Ziembinski via-o apenas como um famoso animador de rádio, mas eu consegui dobrá-lo. Não tive o mesmo sucesso quando sugeri que uma jovem de 17 anos, que acabara de estrear em São Paulo, fizesse a protagonista, Branca Dias.

— Muito jovem — objetou Zimba.

— Mas ela tem a idade da personagem.

— Joana D'Arc também. E nenhuma atriz com menos de 30 anos tem maturidade suficiente para interpretá-la.

Essa jovem atriz, que me fora indicada por Antunes Filho, era Regina Duarte, que viria a viver o papel maravilhosamente na versão paulista de Flávio Rangel, 10 anos depois, a melhor encenação que essa peça já teve. Ziembinski escolheu Eva Wilma e não errou. No elenco estavam ainda Rubens Corrêa, Jayme Barcelos, Isaac Bardavi e Vinícius Salvatori. Foi um belíssimo espetáculo, de extraordinária beleza plástica, bem recebido pela crítica, embora demasiado esteticista, sem o calor que seu aspecto de denúncia exigia — foi também um enorme fracasso de bilheteria. E essa ausência de público levou-nos a realizar, mesmo durante a temporada, algumas apresentações em cidades próximas, como Petrópolis, deixando na porta do Teatro Jovem um aviso: "Ao público: estamos em Petrópolis, amanhã estaremos de volta." Paulo Gracindo, com seu humor ácido, escreveu embaixo: "E vocês, onde estão?"

Era domingo — eu sempre tive horror aos domingos, dia tedioso em que o tempo parece sofrer um desmaio —, nosso filho Marcos, de apenas dois anos e meio, amanheceu queixando-se de falta de ar. Um médico chamado às pressas — seu pediatra se ausentara no fim de semana — atestou coqueluche, nada preocupante. À tarde, como não apresentasse melhora, levamo-lo a um pronto-socorro infantil, em Botafogo. Em poucos minutos teve uma parada cardíaca e morreu, sem que os médicos que o atenderam soubessem o que colocar no atestado de óbito. Até o dia anterior era uma criança alegre, saudável. Minha primeira reação foi de revolta, dando um murro na parede da sala da UTI — um murro que deveria dar em alguém, mas não sabia em quem, na incompetência dos médicos, no destino talvez; se tivesse um revólver, teria saído atirando para todos os lados. Janete teve que ser dopada, passou horas e horas sob o efeito de tranquilizantes; de repente, a vida nos pareceu uma armadilha cruel e estúpida, destinada a capturar e destruir todas as crenças, todas as esperanças. Osny Duarte Pereira ofereceu-nos sua casa de praia no Recreio dos Bandeirantes, fomos para lá, eu e Janete, buscando recuperar-nos do irrecuperável. Era pior o isolamento, a solidão do Recreio, àquela época uma região quase totalmente desabitada; só nos fez mal, só aumentou nossa angústia; voltamos para encarar a realidade e mergulhar na única terapia possível: o trabalho.

Janete começava a escrever novelas para a TV Globo, tarefa árdua em que buscaria a necessária anestesia para seu sofrimento. Desde sua estreia com *Anastácia*, vinha de sucesso em sucesso. Era uma compensação para o mau período que eu atravessava. Após a proibição de *O berço do herói*, centenas de peças seriam interditadas, de autores nacionais e estrangeiros. Por solicitação de José Celso Martinez Corrêa, escrevi *O túnel*, peça curta em um ato, pequena incursão no teatro do absurdo que deveria, com outros textos, fazer parte de um espetáculo do Teatro Oficina, intitulado *Feira Brasileira de Opinião*. A ideia era que cada autor pensasse o Brasil naquele momento. Imaginei um enorme engarrafamento, que já durava quatro anos, desde 1964, dentro de um túnel, onde cada qual buscava uma saída, desesperadamente. A metáfora era por demais evidente. O espetáculo foi proibido. Tentativas de encenação de *A revolução dos beatos* em vários estados também haviam sido impedidas pela Censura. Na Bahia, o grupo resolveu ir ao coronel encarregado de dizer o que podia ou não ser encenado. E um dos atores fez uma pergunta insidiosa:

— O coronel não acha que desse modo os senhores vão terminar por acabar com o teatro?

— Mas é isso mesmo — respondeu o coronel —, teatro é uma coisa que precisa acabar.

17

Os desfiles de escolas de samba, com seus feéricos enredos contando histórias horizontalizadas, desfilando quadros, sempre me pareceram uma imaginosa forma de teatro popular criada por nosso povo. Desde o suicídio de Getúlio, eu tinha em mente usar a vida dessa contraditória personagem como tema de uma peça. Quando, por fim, me dispus a escrevê-la, descobri no enredo de escola de samba a forma ideal. Convidei meu amigo e companheiro Ferreira Gullar para parceiro, porque pretendia escrever uma parte em versos e não confiava em meu talento poético. A Gullar, não apenas grande poeta, mas crítico feroz, caberia aprovar ou desaprovar meus versos, remendá-los ou substituí-los por outros, de sua autoria. Ele aceitou a incumbência. Começaria aí uma parceria que se estenderia até a televisão, principalmente por vermos o mundo de forma muito parecida, ele um cartesiano, a pessoa mais racional que já conheci, de racionalismo extremado mesmo — fato surpreendente num poeta — único ponto em que às vezes divergíamos, nunca a ponto de não chegar a um acordo. Essa primeira versão chamou-se *Dr. Getúlio, sua vida e sua glória*. O principal problema da peça era que, sendo apresentada como um enredo de escola de samba, teria que dar a Vargas uma visão popular, mitificada. Ao mesmo tempo, nossa consciência política nos impunha certa crítica ao lado negativo da personagem, os tempos do Estado Novo, fascistoide, autoritário, ainda que devesse prevalecer a primeira postura, dada a forma escolhida. Mas o mítico deveria deixar transparecer certa ironia, a inaceitação total — isso o mais difícil. Bem, nós não iríamos fazer uma biografia, mas manipular a história ficcionalmente.

Propus a montagem da peça ao Teatro Opinião que, após vários sucessos, estava em péssima situação econômica. Quem sabe a peça salvaria o grupo pelo qual sempre tive enorme simpatia (após a morte de Paulo Pontes, um dos integrantes do grupo, vim a saber que ele achava que eu os odiava. Isso muito me magoou, por ser totalmente injusto; se os odiasse não me iria unir a eles quando estavam no fundo do poço). Mas não havia dinheiro. Alguém sugeriu que se estreasse em Porto Alegre e pedisse ajuda ao ex-presidente João Goulart, exilado no Uruguai.

Cheguei a Montevidéu com a peça e algumas cartas presas ao corpo com esparadrapo, já que, se fossem interceptadas na Alfândega, isso me custaria uma boa cadeia ou até torturas para revelar o que não sabia. As cartas eram de José Gomes Talarico, amigo pessoal de Jango, uma delas endereçada ao ex-presidente e outra a Darcy Ribeiro, também exilado em Montevidéu. Conhecia pouco Darcy e tive dele ótima impressão. Recebeu-me com carinho em seu pequeno apartamento num bairro elegante da cidade e imediatamente telefonou a Jango, que estava em Punta del Este, solicitando que recebesse "um dos maiores talentos do nosso teatro". Fiquei lisonjeado e permanecemos conversando até alta madrugada. Embora ansioso por notícias do Brasil, Darcy era uma cachoeira verbal, mal me deixava falar. Pequenino, a farta cabeleira afogando o pescoço, movimentava-se pela sala como que movido a eletricidade, as palavras tentando desesperadamente acompanhar a velocidade do raciocínio. Ficamos amigos para sempre; viríamos a nos encontrar várias vezes após seu regresso ao Brasil, participaríamos lado a lado de vários movimentos e, embora chegássemos a ter discordâncias político-partidárias, jamais deixamos de ter um pelo outro o maior afeto.

No dia seguinte, estava eu diante de Jango, mostrando-lhe os originais de *Dr. Getúlio*, numa sala onde o sol jorrava aos borbotões, deixando tudo esbranquiçado. Tenho desse cenário lembrança vaga e sensação de que era pouco confortável, totalmente despido de qualquer sofisticação. O ex-presidente, de cuja capacitação intelectual eu tinha péssima impressão — não modificada durante a entrevista —, trajava-se com desleixo, as calças largas de linho cáqui caindo abaixo da cintura, os sapatos de sola gasta. Como tinha um defeito numa das pernas, sentava-se de lado, deixando a perna estendida. Depois de ler a carta de Talarico — que, além de me apresentar, deveria ter informações sobre o momento político no Brasil, porque de vez em quando balançava a cabeça num gesto de desaprovação —, folheou os originais com interesse e prometeu lê-los mais tarde.

— Uma peça sobre Getúlio Vargas neste momento me parece muito oportuna — disse. — Será que os militares vão permitir?

— Vamos tentar, presidente. Mas precisamos de sua ajuda.

Nesse momento, fomos interrompidos por D. Maria Tereza. Esguia e elegante como um cisne, embora em trajes esportivos, a ex-primeira dama vinha pedir dinheiro para as compras. Jango apresentou-me, ela esboçou um sorriso vago, ele se espichou, meteu a mão no bolso da calça, tirou um bolo de notas amarfanhadas, separou algumas e entregou, com ar de enfado.

— Só isso? — A ex-primeira dama irritou-se. — Não dá pra nada, Jango.

Ele meteu novamente a mão no bolso da calça, sem muita pressa, e separou mais alguns pesos uruguaios. Maria Tereza arrancou as notas das mãos dele e saiu sem se despedir. A interrupção parece tê-lo desviado de nosso assunto, e, somente após alguns segundos, deu-se conta de que eu estava ali.

— Vou ler com muita atenção — disse, sorrindo pela primeira vez.
— E vou achar uma maneira de te ajudar.

Parcimonioso com sua mulher, também foi parcimonioso conosco — apenas mandou seu advogado, Mirza, pagar as despesas de hospedagem da companhia durante a temporada em Porto Alegre, onde a peça estreou. Quinze anos mais tarde, após a estreia no Teatro João Caetano, do Rio de Janeiro, de uma segunda versão do mesmo texto com seu título trocado para *Vargas*, Leonel Brizola, então governador, protestando contra a não inclusão de Jango entre as personagens da peça, acusava-nos de termos "passado uma tesoura na história". Não sabia ele que Jango lera a peça e de nada reclamara, até participara da produção.

Durante a curta temporada de *Dr. Getúlio* no Teatro Leopoldina, de Porto Alegre, encontrei-me num bar com Rubem Braga e João Cabral de Melo Neto. Não os conhecia pessoalmente, sendo apresentado por José Renato, diretor do espetáculo. João Cabral manteve-se silencioso, impenetrável, esfingético, mas Rubem lançou-me um olhar mal-humorado, que suas sobrancelhas espessas tornavam ainda mais ameaçador (mais tarde eu viria a saber que esse mau humor lhe era permanente), e explodiu:

— Acho absurdo escrever uma peça sobre um ditador sanguinário.

Chocado, tentei rebater, explicar, mas ele mergulhou em seu copo de uísque, e tive a impressão de que minhas palavras batiam numa muralha e voltavam para mim, virando farpas. O clima tornou-se desagradável, e retirei-me. A mesma incompreensão eu encontraria em Luiz Carlos Prestes quando lhe telefonei convidando-o para a estreia de *Vargas*:

— Uma peça sobre Getúlio? Não me interessa — disse, secamente.
Recebi a recusa como uma agressão que me doía fundo, tanto mais

por vir de um herói mítico de minha juventude, símbolo de ideais pelos quais, em dado momento, estive disposto a tudo sacrificar. Mesmo em idade madura, quando os mitos passam a ser revisados e reavaliados, nunca deixei de admirá-lo pela inteireza de seu caráter, por sua coerência ideológica, ainda que essa chegasse por vezes a transpor os limites do bom-senso.

De Porto Alegre, *Dr. Getúlio* transferiu-se para o Teatro João Caetano, no Rio, e terminou sua temporada no próprio Teatro Opinião. Felizmente a obtusidade de Rubem Braga e Prestes não foi compartilhada pela crítica. Saudada como a "descoberta de um filão de ouro" por Antonio Callado, recebeu análises inteligentes, principalmente por parte de Paulo Francis, Yan Michalski, Sábato Magaldi etc. Embora em sua segunda versão, *Vargas,* em 1983, essa incompreensão, então por motivos políticos absolutamente pessoais e carreiristas, viesse a encontrar guarida no primarismo de Leonel Brizola.

Partira de Luthero Vargas, filho de Getúlio, a sugestão de reencenar a peça a que ele assistira em Porto Alegre, por ocasião dos festejos do centenário do nascimento de seu pai. Darcy Ribeiro, então vice-governador, telefonou-me consultando se eu faria objeção a que o espetáculo fosse produzido pelo estado, já que sabia de minha posição política contrária ao Governo Brizola (minha oposição a Brizola vinha desde março de 1964, quando, durante uma reunião das forças de esquerda, que incluíam o Comando dos Trabalhadores Intelectuais e a Frente Parlamentar Nacionalista, ele presente, decidiu-se, por unanimidade, que não se deveria alimentar a rebelião dos marinheiros pelo perigo que ela representava como quebra da disciplina nas Forças Armadas; no dia seguinte, revelando-se o que sempre seria, um individualista, lá estava Brizola no Sindicato dos Metalúrgicos, cercado de marinheiros, pondo lenha na fogueira). Respondi que impunha duas condições: que a peça fosse encenada na íntegra e não servisse de pretexto para propaganda política. Flávio Rangel foi convidado para dirigi-la e concebeu um espetáculo que impunha algumas alterações não no texto, mas na forma, aprofundando a ideia de um musical brasileiro. Os cenários eram de Gianni Rato, o samba-enredo composto por Edu Lobo e Chico Buarque, e o elenco, de primeira grandeza, com Paulo Gracindo, Oswaldo Loureiro, Isabel Ribeiro, Milton Gonçalves e Grande Otelo nos papéis principais. Uma noite memorável marcou a estreia com presença da família Vargas e de membros do Governo Brizola que, logo que baixou o pano, saiu da plateia, gritando:

— Cadê o Jango? Quero saber de quem foi a tesoura que o cortou fora do espetáculo.

E invadindo o camarim de Paulo Gracindo, onde eu, Gullar e Flávio nos encontrávamos, seguido por sua *entourage*, continuou seu discurso, cada vez mais descontrolado:

— A peça não corresponde à verdade histórica — verberava, apoplético. E seus seguidores apoiavam.

— Se a UDN tivesse financiado não faria melhor. — Era agora o deputado brizolista Sebastião Nery que entrava na briga. — É uma peça contra nós.

— Vocês esqueceram o Jango — queixava-se José Gomes Talarico, sem lembrar que, 17 anos antes, me pusera em contato com o próprio Jango para que o mesmo ajudasse na montagem do espetáculo, em sua primeira versão.

— Essa peça não foi escrita por encomenda — rebateu Gullar.

— Do jeito que a peça está, parece que o legado de Vargas foi passado a Alzira — prosseguia Brizola. — E isso não é verdade. O continuador de Getúlio é Jango.

Brizola traía-se; sua discordância com a peça devia-se ao fato de julgar-se herdeiro político de Vargas por intermédio de Jango. Sem Jango, de quem era cunhado, não haveria como reivindicar a herança. Por trás de Brizola, Darcy Ribeiro limitava-se a sorrir, parecendo divertir-se muito com a polêmica, mas esquecido também de que acompanhara vários ensaios e escrevera no programa do teatro: "*Vargas,* a tragédia do nosso grande presidente na voz e no ritmo de uma escola de samba, nasce da ousadia e genialidade de Dias Gomes e Ferreira Gullar..." E Brizola continuava dizendo como deveríamos ter escrito a peça:

— Jango tinha que aparecer na cena da última reunião do ministério, à qual esteve presente.

— Isso não é verdade — contestei.

— E deveria também receber de Getúlio a carta-testamento.

A seu lado, D. Neuza, irmã de Jango, fuzilava-me com o olhar. Era uma polêmica absolutamente menor; travava-se em torno de um problema pequeno, ou seja, se os autores deveriam ou não ter incluído uma personagem entre aquelas que escolheram (e nos cabe todo o direito de escolher) para desenvolver uma trama. Quase uma bobagem. Porque é claro que uma peça de teatro é uma síntese de um determinado acontecimento e cabe ao autor selecionar fatos e personagens para construir essa síntese. Se João Goulart não entra na peça, é porque não é necessário a ela. O texto enfoca acontecimentos do final do segundo governo Vargas, quando a atuação de Jango não era determinante. Ele já não era mais ministro do Trabalho e, na noite do suicídio de Vargas, sua única participação fora, segundo o historiador Hélio Silva, receber das mãos do presidente um envelope fechado "cujo conteúdo só deveria conhecer quando estivesse no Rio Grande do Sul, se acontecesse algo de violento ao seu amigo" (Posfácio de *Vargas,* pág. 475, "Coleção Dias Gomes", vol. 4, Bertrand Brasil). Eu teria lido essa carta imediatamente. Mas Jango, ao que parece, não era um homem curioso, já que só tomou conhecimento de seu conteúdo no dia seguinte, após a tragédia consumada. Gullar e eu pensamos em incluir essa cena da entrega da carta, mas seria um erro de dramaturgia uma personagem que até então não havia aparecido surgir no fim só para receber uma carta e sair. E seria uma personagem tão insignificante, que se constituiria até numa diminuição da estatura (ainda que discutível) do presidente João Goulart.

Guida Maria, a atriz que interpretara Branca Dias na montagem portuguesa de *O santo inquérito,* presente à estreia e tendo assistido a todo esse bate-boca, perguntou-me, atônita:

— Todas as estreias são assim aqui?

— Não — respondi —, nem sempre há um idiota na plateia.

Mas, quando essa discussão ganhou as manchetes dos jornais, com a ameaça do governador de mandar retirar a peça de cartaz, foi a liberdade de expressão que se passou a discutir. O teatro lotava todas as noites, e o público aplaudia com entusiasmo, a imprensa — notadamente o *Jornal do Brasil,* mediante violento editorial em que dizia que "toda obra de arte tem como característica a liberdade de criação" — condenava o propósito de Brizola de suspender o espetáculo. E Darcy Ribeiro, cuja fidelidade a seu líder chegava a ser comovente e até mesmo inexplicável para mim, dada sua inconteste superioridade intelectual, ao que dizem lhe fez uma pergunta: "Brizola, você quer passar à história como censor?" Ele teve que recuar.

18

Desde 1966, os movimentos contra a ditadura militar tornavam-se cada vez mais aguerridos em todas as áreas de resistência. O Partido, mergulhado em profunda autocrítica, cindia-se em várias facções, algumas favoráveis à luta armada, como a Aliança Nacional Libertadora, de Carlos Marighella. Figura admirável a desse guerrilheiro baiano, negro de olhos verdes e físico avantajado, que gostava de ir a minha casa falar sobre literatura, poesia, ele próprio um poeta (na Faculdade de Engenharia da Bahia, fizera uma prova toda em versos — isso já fazia parte de sua lenda). Marighella estava sendo caçado pela polícia e um dia apareceu inesperadamente na casa da Rua Resedá, sozinho, sem tomar a menor precaução. Espantei-me ao vê-lo, pois sabia que era um dos homens mais procurados do país. Não imaginei que tivesse vindo esconder-se em minha residência, seria absurdo, mas somente um assunto muito sério justificaria correr tanto risco. Levei-o para meu escritório nos fundos da casa, sobre a garagem, tomando cuidado para que não fosse visto nem mesmo por pessoas de minha família, e aguardei, ansioso, que começasse a falar. Seus olhos verdes-claros brilharam na pele negra, o sorriso largo; não, não vinha falar de política, não vinha me cooptar para a luta armada (estávamos ainda em 1964, e não se cogitava isso concretamente), vinha apenas mostrar-me uns poemas que havia escrito. Todas as polícias de todo o país no seu encalço, e ficou uma tarde inteira conversando comigo sobre teatro e poesia. No dia seguinte, era preso e baleado num cinema, enquanto assistia a um filme qualquer. Poucos anos depois seria covardemente assassinado pela polícia, em São Paulo.

Embora a "teoria do foco revolucionário", de Regis Debray, tivesse chegado a mexer com a minha cabeça quando se travou a luta interna no Partido, em discussões que varavam a madrugada, questionando o "caminho pacífico para o socialismo" seguido até então, posicionei-me contra a luta armada, ainda que visse alguns companheiros aos quais estava ligado não somente por laços ideológicos, mas também de amizade, como Marighella e Grabois, partindo para a guerrilha. Em minha análise pessoal, considerava uma atitude romântica, uma desvairada utopia. Assim mesmo, magoava-me que aqueles companheiros nem sequer tentassem cooptar-me. Talvez me considerassem inteiramente incapaz de empunhar um fuzil. Segundo o poeta Moacyr Félix, seu colega Thiago de Mello, que chegou a enamorar-se da guerrilha, teria dito nessa ocasião:

— Não se pode fazer revolução com o Dias, ele ri muito.

Thiago era partidário de uma revolução sisuda.

EM AGOSTO DE 1968, os tanques russos invadiram Praga, e vários intelectuais de esquerda lançaram um manifesto de solidariedade ao povo tcheco. Minha assinatura nesse documento despertou a ira de alguns companheiros da linha ortodoxa, até da Embaixada Soviética (a pedido de Ênio Silveira, a Embaixada havia interferido junto a Moscou para que pelo menos uma parte dos direitos autorais devidos pela publicação e encenação de *O pagador,* retidos na União Soviética, me fossem remetidos, já que eu me encontrava em precária situação financeira; ao ver meu nome no manifesto, creio que o embaixador se arrependeu de sua interferência; em sua ótica, dera uma colher de chá ao inimigo e fez-me saber disso, não muito diplomaticamente, por intermédio de seu adido cultural). Foi um momento em que, pela segunda vez, pensei em romper com o Partido. Mas não era ainda o momento. Talvez eu temesse ver-me, de uma hora pra outra, desembarcado de um sonho — ainda não estava preparado para isso.

Só os surdos não ouviam o ruído de uma bomba-relógio prestes a explodir. Em fevereiro, a classe teatral realizava uma concentração na porta do Teatro Municipal, em protesto contra a Censura que, em sua fúria, já não proibia só autores nacionais, mas chegava ao surrealismo de interditar Gorki, Brecht, Tenesse Williams e Feydeau. No cinema, *O pagador* já não obtinha o alvará de exibição desde 1967, ficaria cinco anos fora das telas, e outros filmes eram interditados. Lançando um manifesto-denúncia, a classe teatral decidiu entrar em greve, suspendendo todos os espetáculos no Rio e em São Paulo por três dias (fato inédito entre nós), durante os quais permaneceríamos em vigília cívica nas escadarias do Teatro Municipal. Atores famosos, como Cacilda Becker, Paulo Autran, Tônia Carrero, Norma Bengel, Walmor Chagas, Osvaldo Loureiro e muitos outros, diretores e autores, como Flávio Rangel, Oduvaldo Vianna Filho e Ferreira Gullar, concentraram-se nas escadarias do Teatro Municipal, daí partindo em passeata rumo ao Monumento aos Pracinhas, com o propósito de lá depositar uma coroa de flores "em homenagem aos que lutaram contra o fascismo, na Itália". A passeata havia sido permitida pelo secretário de Segurança, mas ao chegarmos ao monumento fomos surpreendidos com a objeção formal e intransigente do oficial de dia, um tenente, a que realizássemos a cerimônia. Uma comissão composta por Tônia Carrero, Walmor Chagas, Norma Bengel e eu foi encarregada de demovê-lo, mas nada conseguiu. A homenagem só poderia ser realizada com ordem do Ministério da Guerra. Por muito favor, nos permitiu que deixássemos as flores no gramado, fora da área sob a guarda da Polícia do Exército. Nesse momento, Tônia subiu na escadaria do monumento com o propósito de comunicar o resultado de nossa missão aos participantes da passeata. Julgando que ela os estava incitando à revolta, o tenente, intempestivamente, deu-lhe voz de prisão. Norma Bengel, a meu lado num dos degraus da escadaria, firmou-se no meu ombro e saltou com os dois pés em riste, quase atingindo o peito do tenente:

— Você não vai prender ela, não! — gritou, como uma leoa enfurecida.

Estabeleceu-se grande confusão, em que o tenente, debaixo de vaias e reconhecendo que se precipitara, acabou relaxando a prisão.

A repressão e a ausência de liberdade haviam transformado o país num campo minado onde os movimentos de protesto pipocavam por toda a parte, notadamente na área estudantil. Em março, outra passeata, programada pelos estudantes para sair do Calabouço, foi impedida com violência por um pelotão de choque da Polícia Militar, resultando na morte de um estudante, Édson Luiz de Lima Souto. Esse e outros atos repressivos prepararam o terreno para a grande passeata dos 100.000, no mês de junho, em que estudantes, intelectuais e artistas marcharam juntos pedindo o fim da ditadura. Essa demonstração de rebeldia assustou os militares.

Em 1965, Ênio Silveira lançara a *Revista Civilização Brasileira*, abrindo uma nova frente na luta pela liberdade de pensamento. Essa publicação, da qual fui um secretário pouco atuante, tinha a direção do poeta Moacyr Félix. Moacyr, o mais culto de nós todos, fez da revista um órgão debatedor de ideias, com influência marcante sobre aqueles que buscavam uma saída para a tragédia brasileira. A revista veiculava matéria nitidamente de esquerda, ainda que não se subordinasse a uma linha partidária nem a uma ortodoxia ideológica. Era um respiradouro por onde penetrava alguma luz e que muito incomodava aos partidários do obscurantismo. Foi possível mantê-la, apesar de todas as pressões em contrário, até dezembro de 1968, quando, pelo Ato Institucional Nº 5, poderes totais e absolutos eram conferidos ao presidente da República, no mesmo momento em que o Congresso era posto em recesso — passávamos de uma ditadura envergonhada a um despotismo que mostrava sua verdadeira face, arrogante, sem nenhum pudor. O ditador de plantão, Costa e Silva, homem de poucas luzes e anedótico desconhecimento do vernáculo, sofreria uma trombose e seria substituído por uma junta militar que trazia em dose tripla todos os seus defeitos e mais o autoritarismo exacerbado. Daí em diante, passeatas, manifestos, noites de vigília, qualquer ato de inconformismo seria esmagado. Os militares preparavam-se para permanecer 20 anos no poder.

Dr. Getúlio estivera em cena no Teatro Opinião até poucos dias antes e agora eu era obrigado a me refugiar no apartamento de um amigo, em face de uma nova onda de prisões. Uma bomba explodira na vitrine da Livraria Civilização Brasileira, que expunha o livro (antes de a peça estrear no Rio, eu havia sido procurado por uma comissão de oficiais do Exército, entre eles, um general, que me "pedia" para alterar o texto da peça, alegando que nela o general Zenóbio da Costa era apresentado como traidor, e isso não era verdade. Recusei-me a fazer qualquer alteração, pois estava baseado em depoimentos irrefutáveis, entre eles, o da própria filha de Vargas, Alzira. Os oficiais saíram irritados e deixaram no ar uma ameaça). Pouco tempo depois, *A invasão* era proibida. Tentei desesperadamente protestar pela imprensa, sem nenhum êxito; os jornais estavam amordaçados. Num gesto de extrema audácia, o *Jornal do Brasil* publicou uma notinha de duas linhas a respeito: "A peça *A invasão*, de Dias Gomes, foi proibida ontem pela Censura Federal." Nada mais. Por determinação do governo, que colocara censores nas redações, era agora proibido noticiar que algo havia sido proibido. Entrávamos definitivamente dentro de um túnel sem uma réstia de luz. Talvez eu ainda não tivesse consciência da extensão desse túnel, porque comecei a escrever *Amor em campo minado*, inicialmente batizada de *Vamos soltar os demônios*. A peça refletia a perplexidade em que ainda me encontrava cinco anos após o golpe e a ânsia de tentar compreender o que havia acontecido. Por que nossos sonhos de justiça social, tão solidamente enraizados numa conjuntura política que nos parecia real e favorável, desmoronaram em poucas horas ao sopro de ventos que talvez não dessem para derrubar nem mesmo uma frágil roseira? Partindo do pressuposto de que erramos, em que erramos? E quais as origens do erro? No meu entender, não compete ao teatro dar respostas a essas perguntas, mas apenas fornecer ao espectador elementos para que ele, fora do teatro, possa chegar a uma conclusão. Por isso, a peça propunha apenas uma reflexão por meio do relacionamento homem-mulher, enfocando política e sexo como polos que se interpenetram, usando o psicológico, mas ambicionando uma abrangência político-social, pondo a nu as contradições de um intelectual de esquerda. Lembro-me da primeira reação de alguns companheiros à peça: oscilava entre a estranheza e a pura indignação. Para uns, eu tinha sido injusto para com a intelectualidade de esquerda que, afinal de contas, com raras exceções, não se corrompera e lutava com a bravura possível contra o regime militar e autoritário estabelecido. Outros discordavam da oportunidade de se exorcizar publicamente nossos erros e contradições, "dando armas ao inimigo". Ênio Silveira devolveu-me os originais com um bilhete em que externava sua fraternal indignação: "O autor de *O pagador de promessas* não tem o direito de escrever essa peça." Apesar disso, publicou-a. Imagino que hoje a perspectiva do tempo nos tenha levado a uma compreensão menos sectária do papel do intelectual como crítico de seu tempo. Posições como essa de não expor nossas deformações e fechar os olhos às contradições entre a teoria e a prática, a palavra e o gesto, quando isso ocorre em nossas fileiras, é que permitiram o aparecimento e a impunidade do stalinismo, exorcizado apenas após a morte daquele que, enquanto viveu, foi para muitos (cientes ou não dos seus crimes) o "pai", o "guia genial", "libertador dos povos".

Estava escrevendo as últimas cenas de *Vamos soltar os demônios* quando recebi um convite de José Bonifácio de Oliveira Sobrinho, o Boni, para escrever novelas na TV Globo.

Terceira parte

19

Eu já recebera convite semelhante da TV Rio poucos anos antes e não aceitara. Agora, minha situação econômica não me permitia sequer hesitar. Tinha várias peças proibidas, e as que ainda não estavam sê-lo-iam certamente. Não me seria permitido prosseguir com minhas experiências teatrais, pois minha dramaturgia vivia do questionamento da realidade brasileira, e essa realidade era banida dos palcos, considerada subversiva em si mesma pelo regime militar. O "modelo" dramatúrgico que viria a ser imposto pela ditadura nos anos 1970 me excluiria completamente. Janete estava arcando com a maior parte das despesas da casa, não me parecia justo para com ela recusar, apenas porque a telenovela, cercada de preconceitos, era considerada subliteratura. Sempre sonhara viver só do teatro e por duas vezes conseguira, dois curtos períodos de alguns anos, e tivera que desistir — minha vida se repetia em ciclos. Por outro lado, seria uma incoerência. Minha geração de dramaturgos — a dos anos 1960 — erguera a bandeira do teatro popular, que só teria sentido com a conquista de uma grande plateia popular, evidentemente. Um sonho impossível, o teatro se elitizava cada vez mais, falávamos para uma plateia a cada dia mais aburguesada, que insultávamos em vez de conscientizar. Agora ofereciam-me uma plateia verdadeiramente popular, muito além dos nossos sonhos. Não seria inteiramente contraditório virar-lhe as costas? Só porque era agora um autor famoso? Janete estava há dois anos escrevendo novelas na Globo com enorme sucesso — para ela, minha recusa seria também uma agressão imerecida. Por todas essas razões, eu não poderia recusar. Além do que, era um desafio — e esse lado me motivava. Não iria dar um salto triplo no escuro e sem rede, sabia o que estava fazendo. As alegações de subarte ou subliteratura eram preconceituosas e idiotas (afinal, Dostoievski, Dickens, Balzac, Machado de Assis, José de Alencar e tantos outros autores consagrados do século XIX haviam escrito folhetins). Nenhuma arte é menor ou maior, existem autores maiores e menores, estava desafiado a provar isso. E também a encontrar uma linguagem própria, uma identidade, para um gênero que nascera do folhetim do século passado, gerara a radionovela e o filme em série, e agora encontrava na televisão, a meu ver, seu veículo ideal. Só que tudo isso era apenas teoria; na prática, nada me garantia contra um desastre; nem mesmo minhas experiências anteriores e fortuitas na tevê, que quase todo mundo ignorava — poderia cair do trapézio e esborrachar-me com o nariz no chão. Precisava de um seguro contra acidentes, e esse seguro era a minha temática, pensei. Arrebanhei minhas personagens, meu pequeno universo e, como quem muda de casa, mas conserva a mobília, lancei-me à aventura.

Só que, em meu primeiro trabalho, ainda não poderia valer-me dessa garantia, explicou-me o Boni. A Globo havia rescindido o contrato da famigerada Glória Magadan, até aquele momento a toda-poderosa no campo das telenovelas, que deixara uma produção iniciada — e nela a emissora já investira muito dinheiro —, o folhetim italiano *A ponte dos suspiros*. Boni pediu-me que assumisse o projeto para evitar o prejuízo (a Globo ainda não era a megaempresa em que se transformaria mais tarde).

— Sei que isso nada tem a ver com você, e, se você se sentir constrangido, pode assinar com um pseudônimo. Posso até pôr uma cláusula no seu contrato: quando você assinar seu próprio nome terá um aumento de salário.

Em seguida, ligou para Walter Clark, diretor geral da emissora, e comunicou que eu estava contratado, mas que usaria um pseudônimo em minha primeira novela. Walter sugeriu o de Stela Canderon. Achei engraçado e aceitei. Muitos acham que não quis de início assinar meu nome por puro preconceito. Isso não é verdade.

Glória Magadan, uma cubana que fugira após a vitória da revolução castrista, exerceu nefasta influência sobre a nascente teledramaturgia brasileira. Seus melodramas, situados sempre em países exóticos e com temática piegas e ultrapassada, nada tinham a ver com nossa realidade, e ela se jactanciava disso. Certa vez sugeri a Janete — que era obrigada a adaptar suas histórias a essa filosofia — propor uma temática brasileira, com personagens brasileiras, em seu próximo trabalho. A resposta de Glória Magadan:

— O Brasil não é um país romântico. Um galã não pode se chamar João da Silva, tem que se chamar Ricardo Montalban, Alberto Limonta ou Ferdinando de Montemor.

O afastamento de Glória Magadan permitiu que se banisse das telas da Globo os Limonta e os Montemor, dando lugar aos Joões da Silva e a uma série de experiências que lançariam as bases de uma teledramaturgia brasileira; embora os Limonta e os Montemor ainda sobrevivam anacronicamente em algumas produções mexicanas e argentinas, recebendo estranho acolhimento em certos canais que primam pela exploração do mau gosto.

A ponte dos suspiros era ambientada em Veneza, na época dos doges, e o Grande Canal foi "reconstituído" no diminuto espaço da cobertura dos estúdios da emissora, na Rua Von Martius. Tinha 10 metros de extensão, com 50 centímetros de água, por onde chegava o ator Carlos Alberto, arrochado em vistosos calções de veludo, sacolejando em sua gôndola. Eram tempos de tremenda irresponsabilidade.

Felizmente, em poucos meses estava livre *de A ponte* — em cujo enredo alienante consegui introduzir, sutilmente, uma crítica à deposição de João Goulart e a esperança de tempos melhores, aliviando minha consciência — e, sem um dia de descanso sequer, iniciava *Verão vermelho*, ambientada na Bahia, entre coronéis, jagunços, capoeiristas e poetas populares, e abordando tema até então tabu entre nós, o divórcio. Um pouco antes, Janete havia lançado *Véu de noiva*, uma trama que já desenvolvera no rádio, situada em subúrbios cariocas. Se Glória Magadan ainda fosse diretora do Departamento de Teledramaturgia, seria obrigatoriamente transplantada para alguma ilha do mar das Antilhas ou o deserto do Saara mas, felizmente, era Daniel Filho quem estava agora à frente desse departamento e comungava conosco. O Brasil chegava à tevê do Jardim Botânico, e o caminho estava aberto para novas experiências. Terminada *Verão vermelho*, outra vez sem um só dia de descanso, iniciei *Assim na terra como no céu*, uma crítica bem-humorada ao estilo de vida ipanemense, com seus boas-vidas e seus cafajestes, e também abordando outro tema polêmico, o celibato dos padres. Essa novela lançou Renata Sorrah e popularizou as personagens criadas por Jardel Filho, Paulo José e Ary Fontoura.

Renata Sorrah interpretava Nívea, uma garota de Ipanema que se apaixonava por um padre (Francisco Cuoco) e era encontrada morta, assassinada, nas areias da praia. O grande mistério da novela era "quem matou Nívea?", gancho infalível que viria a ser usado e abusado em novelas posteriores. Estava escrevendo os últimos capítulos, quando recebi uma intimação do Comando do Primeiro Distrito Naval determinando meu comparecimento ao Inquérito Policial Militar ali instaurado para "apurar atividades subversivas e/ou contrarrevolucionárias". Assinava-o um capitão-tenente, encarregado do IPM.

Eu sabia que um companheiro de Partido, Walter Pontes, integrante do Comitê Cultural, do qual eu fazia parte, havia caído e, sob torturas, entregara todo o Comitê. Sabia também que, em função disso, o poeta Ferreira Gullar se exilara no Chile. Alguns achavam que eu deveria ter feito o mesmo. Telefonei para meu advogado, Dr. Modesto da Silveira, e ele me aconselhou a tentar um contato com o capitão-tenente e solicitar um adiamento, a fim de lhe dar tempo de apurar quais as acusações que pesavam contra mim e o possível perigo de ser preso que eu poderia correr. Encontrei o telefone do oficial no catálogo, liguei para ele, justifiquei meu pedido: estava assoberbado de trabalho, escrevendo uma telenovela.

— Eu também estou assoberbado de trabalho — respondeu o capitão secamente. E desligou.

Sabia que estava indiciado em outros IPMs, mas era a primeira vez que iria depor. E, na Marinha, onde havia o tristemente famoso Cenimar, que passaria à história como centro de suplícios inimagináveis. Podia ser torturado, como tantos. Podia não voltar, como muitos. O telefone tocou, era Adonias Filho — grande romancista a quem, por coincidência, eu viria a substituir na Academia Brasileira de Letras, muitos anos depois. Nosso conhecimento era apenas superficial, havíamos cruzado um pelo outro duas ou três vezes, trocado meia dúzia de palavras cordiais, mas uma barreira ideológica nos separava. Eu, um militante de esquerda, ele, dizia-se, um espécimen raro: um intelectual de direita. Havia apoiado o golpe militar, amigo dos generais que estavam no poder. Eu com os perseguidos, ele entre os perseguidores. Adonias era um homem afável, de fala mansa, com seu jeito interiorano, grapiúna. Mas um inimigo — eu, caça, ele, caçador. Por que me telefonaria naquele momento? Estava a par de tudo, disse, amigos comuns o haviam informado. E eu me tranquilizasse, nada de mau me iria acontecer; de qualquer modo, tomasse nota de seu telefone e contasse com ele, a qualquer hora, em qualquer situação. Mesmo assim, deixei Janete prevenida para botar a boca no mundo se eu tardasse a voltar para casa.

A pequena e soturna sala aonde fui conduzido por um sargento, depois de percorrer vários corredores do antigo Ministério da Marinha, conseguiu aumentar minha apreensão. Aí fui deixado durante alguns minutos, até a chegada do encarregado do IPM, e durante esse tempo foi impossível não deixar trabalhar a imaginação. Eu sabia das torturas que ali se realizavam, choques elétricos, afogamentos em tanques de água e até de excrementos. Estava eu preparado para resistir, como alguns heroicamente o haviam feito? Ou "abriria o bico", como Walter Pontes (quem, em sã consciência, poderia condená-lo?)? Nunca havia medido minha resistência à dor. Se fosse posto à prova, não sabia como iria me comportar.

O encarregado do inquérito era um jovem atlético, com cara de bem-nascido, traços regulares que acusavam ter sido gerado no ventre de quem nunca passou necessidades. Mandou que me sentasse à sua frente, abriu uma pasta verde e olhou-me nos olhos, um olhar cinzento e cortante.

— O senhor me pediu para adiar seu depoimento. Eu resolvi atender ao seu pedido.

Soltei a respiração, num momentâneo alívio.

— Mas tem uma condição. O senhor vai me dizer quem matou Nívea, porque minha mulher disse que se eu não conseguir arrancar do senhor essa confissão, eu não entro em casa.

Relaxei de vez. Não me lembrava que estava no Brasil, país em que a farsa convive com os lados mais dramáticos de sua história. Estufei o peito; o surrealismo da situação justificava até mesmo um atrevimento.

— Isso eu não confesso nem sob tortura.

Assim na terra como no céu faria também com que a atriz Dercy Gonçalves me denunciasse à Polícia Federal como autor de uma trama diabólica para assassiná-la. E me vi um dia levado à presença de um carrancudo delegado para defender-me da estrambótica acusação.

— Dona Dercy Gonçalves afirma que o senhor está tramando um atentado contra ela — repetiu-me.

O ambiente aterrador (a Polícia Federal funcionava num soturno e centenário casarão) e o olhar inquisitorial do delegado impediam-me de rir. E eu tive que explicar. Na citada novela, *Samuca*, personagem interpretada por Paulo José, casa-se por interesse com uma sexagenária (Estelita Bel) doente, em estado terminal, visando, evidentemente, a herdar sua fortuna. Mas a velha, em vez da morte esperada, recupera a saúde, milagrosamente. Samuca passa a arquitetar de mil maneiras seu assassinato, falhando sempre. Numa das tentativas, coloca uma bomba dentro do aparelho de televisão, que deveria explodir juntamente com a velha. É ajudado nessa tarefa por seu amigo Carlão (Jardel Filho), que sugere:

— Vamos fazer com que a bomba exploda quando a velha sintonizar o programa da Dercy Gonçalves. Assim explodimos as duas.

O delegado da Polícia Federal, tal como Dercy, não possuía nenhum senso de humor, e tive enorme trabalho para convencê-lo de que aquilo era apenas uma piada. De profundo mau gosto, concordo e até me penitencio. Mas apenas uma piada. O Brasil é e será sempre o país que banaliza o absurdo.

MINHA IDA PARA a televisão foi vista com reprovação por alguns intelectuais da esquerda burra e da direita idem, que a burrice não é privilégio nosso. Nenhum deles teve a audácia de se pronunciar publicamente sobre isso, claro. Até mesmo porque, naqueles que mereciam e merecem meu respeito, nunca percebi qualquer censura a meu gesto, até pelo contrário. E a restrição maior era à Rede Globo, cujo dono, Roberto Marinho, apoiava o governo, como se as demais redes não fizessem o mesmo e de maneira até bem mais subserviente. Durante uma palestra que fiz para estudantes de teatro, tomei conhecimento de uma peça ainda inédita, escrita por um deles, em que uma personagem pronunciava a seguinte condenação: "Dias Gomes, eu não te perdoo."

Era também uma característica daqueles tempos, o que veio depois a ser rotulado por Cacá Diegues de "patrulhamento ideológico". Um patrulhamento que empurrava para posições contraditórias até mesmo pessoas de talento inconteste, temerosas por sua imagem. Alguns anos mais tarde, quando escrevi *O rei de Ramos*, Chico Buarque, autor da belíssima partitura musical juntamente com Francis Hime, recusou-se a assinar contrato com a Funarj, produtora do espetáculo, unicamente porque era o "reacionário" Adolfo Bloch seu presidente. Aceitou que contratássemos Sérgio Brito para "fingir" de produtor, ficando entre nós e a Funarj, que continuava financiando a peça, enquanto nós também fingíamos não saber. Símbolo de resistência e integridade ideológica, unanimidade nacional quanto ao talento, Chico temia que qualquer gesto mal-interpretado pudesse arranhar essa mesma imagem.

O rei de Ramos era uma adaptação da novela *Bandeira 2*, que eu havia escrito imediatamente após *Assim na terra como no céu* — e pela primeira vez, suponho, uma telenovela dava origem a uma peça de teatro. Antes disso eu propusera a Borjalo, então diretor da Central Globo de Produção, adaptar *A invasão*.

— Você está louco? — reagiu. — Quer que cassem o canal da emissora?

Ele se insurgia não apenas pelo teor político da peça, mas também porque ela propunha uma temática inusitada. A televisão era cheia de tabus. O que eu mais ouvia era "não se pode fazer isso" ou "o público não aceita". Eu estava empenhado em levar a telenovela para meu universo temático e também na busca de uma linguagem própria para o gênero, ainda que — e talvez necessariamente — rompendo seu cordão umbilical com o folhetim. Borjalo, bonachão, sempre bem-humorado, adorava reunir pessoas em seu gabinete para um bom papo. Um dia expus-lhe minhas ideias.

— A Globo não está interessada em mudar a filosofia da novela — disse-me, preocupado. — É um produto que dá muita audiência, e "em time que está dando certo não se mexe".

Calei, mas não me conformei. Com o veto a *A invasão*, passei a escrever *Bandeira 2* e nela incluí quase toda a temática daquela peça. Só quando a novela já estava no ar e com sucesso, foi que disse a Borjalo:

— Ué, você disse que se eu adaptasse *A invasão* a emissora ia perder o canal; pois as personagens da peça estão no ar e não aconteceu nada.

Claro, *Bandeira 2* tinha temática muito mais ampla e outros tantos aspectos igualmente preocupantes para os analistas da Globo. Desenvolvia-se quase toda num nada charmoso subúrbio carioca, num ambiente de bicheiros e sambistas, seu protagonista era um banqueiro de bicho que mandava matar seus concorrentes, um velho mau-caráter que nada tinha a ver com os heróis românticos do folhetim. Enfim, uma temática inteiramente nova e perigosa. Tanto que, antes de entrar no ar, um desses analistas profetizou inevitável fracasso, porque "a maioria das personagens era das classes C e D, não tendo os espectadores das classes A e B com quem se identificar". Ao que respondi: "Claro, por isso é que *A ralé*, de Gorki, toda vez que é encenada enche o teatro de mendigos e prostitutas." Apesar de cercada de todas as apreensões, *Bandeira 2* foi ao ar e quebrou esses tabus, revelando ao Brasil inteiro aquilo que eu já sabia há muito tempo, que Paulo Gracindo era um excepcional ator. Seu Tucão provava, além do mais, que era possível um ator de talento realizar um grande desempenho na tevê, o veículo não o impossibilitava, de modo algum, de exibir sua técnica e seu mais apurado histrionismo. A morte do protagonista, no último capítulo — toda a população de Ramos compareceu espontaneamente à gravação do enterro —, ganhou manchete em letras garrafais na primeira página do jornal *Luta Democrática:* MORREU TUCÃO. Tucão deixara de ser ficção, ganhara vida própria e morrera de fato. O número de sua sepultura daria no jogo do bicho no dia seguinte, e os "banqueiros" já esperavam porque mandaram "cotá-lo".

Mas o papel de Tucão não estava inicialmente destinado a Paulo Gracindo. Boni me havia pedido, delicadamente, como sempre o fez (pelo menos comigo) que escalasse Sérgio Cardoso, se houvesse um bom papel para ele. Sérgio vinha de dois fracassos e precisava recuperar-se. Quando eu já tinha cerca de 20 capítulos escritos, Daniel Filho convocou-me para uma reunião com Sérgio. Ele havia recebido os 20 capítulos para ler e começou pavoneando-se e dizendo, sem subterfúgios, que precisava de um grande papel e que aquele não estava à sua altura. Pelas observações que fez, percebi que não havia lido mais do que um ou dois capítulos e que a ideia que fazia da personagem estava totalmente equivocada. E reagi de pronto.

— Pelas observações que você acaba de fazer, Sérgio, eu estou inteiramente de acordo: acho que você não deve interpretar essa personagem. Não deve e não pode. — Aí o sangue me subiu à cabeça. — E agora sou eu quem diz: com você nesse papel, eu não escrevo.

Daniel empalideceu. Esperava que eu me dispusesse a retrabalhar o texto, recebendo as sugestões que Sérgio tinha a dar. O problema se tornara insolúvel.

— Acho que temos de levar o caso ao Boni — disse, coçando a cabeça e piscando os olhos, nervosamente.

Sérgio não quis ir, fomos eu e Daniel. O que todos esperavam — eu, incluído, pois sabia que Sérgio Cardoso era o astro maior da casa, possuía um contrato de mil regalias, até o direito de alterar o texto se assim o entendesse — era que Boni desse razão a ele. Nesse caso, eu pediria que rescindisse meu contrato.

— Se ele não gosta do papel e você não quer escrever para ele, escalem outro ator — disse Boni, para surpresa nossa, e no seu estilo de tomar decisões rápidas. — Quem você acha que pode fazer a personagem?

— Paulo Gracindo — respondi, sem hesitar.

— Paulo Gracindo?! — repetiu Boni, surpreso. — Paulo Gracindo substituindo Sérgio Cardoso?

Parecia-lhe absurdo, mas eu argumentei que, enquanto estava escrevendo a novela, só via Gracindo na personagem. E responsabilizava-me por ele. Ao chegar a casa, imediatamente liguei para Paulo. Dias antes, ele me havia telefonado pedindo um papel, e eu lhe dissera que tinha esse papel, mas que estava destinado a Sérgio Cardoso.

— Não sei que macumba você fez, mas o papel é seu.

No dia seguinte, Sérgio Cardoso foi a minha casa. Confessou que só havia lido o primeiro capítulo e me pedia desculpas. Queria o papel. Ao ver o superastro totalmente despido de seu narcisismo, derrotado em sua arrogância, humilhando-se diante de mim, tive que buscar forças para ser inflexível.

— Lamento, Sérgio, mas se você mudou de ideia, eu não mudei. O papel não é pra você.

Acho que Sérgio morreu sem me perdoar.

Estávamos em plena temporada dos IPMs. Eu era indiciado em cinco, o da Rádio Nacional, o do Partido Comunista, o da Imprensa Comunista; os outros dois eram totalmente surrealistas. Um deles fora instaurado para apurar a responsabilidade de sete intelectuais "acusados de terem inspirado todo o processo de subversão desencadeado no País". Por mais espantoso e cômico que possa parecer hoje, esses sete "precursores" eram o dramaturgo Plínio Marcos, o cineasta Cacá Diegues, o poeta Ferreira Gullar, o dramaturgo Gianfrancesco Guarnieri, o jornalista Newton Carlos e eu. De tão absurdo, o inquérito foi arquivado com um "pito jurídico" no Ministério Público do juiz auditor Dr. Hélio Sussekind. Outro IPM — e nesse só eu estava indiciado — fora provocado pela novela *Bandeira 2*, em que havia uma personagem, interpretada maravilhosamente por esse grande comediante Ary

Fontoura, um comandante da Marinha Mercante aposentado, dado a fantasias sexuais com sua mulher. (A personagem me fora inspirada por Procópio Ferreira, de quem se dizia que costumava forjar cenas inusitadas com suas companheiras de cama a fim de excitar-se sexualmente, ora interpretando um desatinado amante aproveitando a momentânea ausência do marido ciumento, ora um assaltante perseguido pela polícia ou um pândego marinheiro em busca de diversão.) A Marinha de Guerra se sentiu agredida e tive que, mais uma vez, comparecer ao Cenimar para explicar o que estava mais do que claro, que o comandante era da Marinha Mercante, estava aposentado, e eu nada via de ofensivo a quem quer que fosse o fato de ele usar de fantasias para se excitar sexualmente com sua esposa. Mas persistia a acusação, decorrente do rótulo de subversivo que eu trazia na testa — eu usara de um subterfúgio para insultar nossa aguerrida força naval. Imagino um pesquisador deparando-se daqui a 100 anos com esse inquérito como interpretará esse período de nossa história.

Meu desligamento do Partido Comunista — que poderia ter sido atritado se ocorrido em outras épocas — deu-se naquele início da década de 1970 com a tranquilidade dos casamentos que terminam simplesmente porque os cônjuges se dão conta de que não mais existem motivos para viver juntos. De minha parte, prevaleceu uma profunda autocrítica: após quase 30 anos de militância, chegava à conclusão de que era um péssimo ativista. Certa vez, numa entrevista, defini-me como anarco-marxista-ecumênico e sensual, e não estava brincando. Conservando ainda os mesmos ideais que me haviam levado ao Partido, era obrigado a reconhecer que nunca me ajustara à disciplina partidária, que ela me incomodava e me tolhia. Sempre discordara da linha do Partido em vários aspectos e sempre fora obrigado a recolher minhas discordâncias em nome do centralismo democrático e de um objetivo maior. Procurara ser disciplinado, refreando minha tendência natural à indisciplina. Isso não me fazia feliz nem ajudava o Partido. E, quando um casal não é mais feliz, o melhor é que se divorcie, sem ódios, sem ressentimentos e sem escândalo. Talvez por isso, alguns anos depois, quando o Partido, recolhendo os destroços, procurava se reestruturar, um dirigente, Givaldo Sequeira, foi a minha casa convidar-me para membro do Comitê Central. Não escondi meu espanto.

— Como posso ser membro do Comitê Central se não estou mais no Partido?

— E por que você não está mais no Partido? — perguntou ele, mais espantado do que eu.

— Porque não posso pertencer a um Partido que me convida para o Comitê Central — respondi, parafraseando Groucho Marx —, isso é absurdo e prova que vocês são irresponsáveis, eu não sirvo nem para militante.

20

O casarão em estilo normando no alto de uma ladeira, incrustado no morro, debruçado preguiçosamente sobre a Lagoa Rodrigo de Freitas, encantou-me. Era uma construção antiga, algo bucólica, precisava de reformas, mas o material era de primeira e valia a pena. Não dispúnhamos de dinheiro para comprá-lo, apenas parte, se vendêssemos a casa da Rua Resedá. O restante poderia ser financiado. Estávamos num bom momento na televisão, eu e Janete; ela vinha de um enorme sucesso com *Selva de pedra*; os textos de nossas novelas começavam a ser vendidos e produzidos no exterior. Levei-a para conhecer o imóvel e notei que ela não participava de meu entusiasmo. Naturalmente porque não antevia, como eu, a construção depois de reformada. Era tudo que seu temperamento romântico podia sonhar, argumentei, um pequeno castelo, embora sem fossos e sem pontes levadiças. Ela apenas sorriu, um pouco descrente. Só muito mais tarde confessou-me que naquele dia voltou para casa e trancou-se no banheiro para chorar, odiara o casarão e achava que eu havia feito uma enorme tolice. Viria a mudar de ideia, dando-me inteira razão, quando nos mudamos para lá. Depois da reforma, a casa da Tabatinguera — com sua estrutura em grandes blocos de pedra talhada e suas grossas vigas de madeira cruzando-se na fachada, suas varandas ostensivamente voltadas para a lagoa cercada de morros, seus recantos cheios de mistério e romantismo — ficara de fato com a sua cara. O que me agradava sobretudo é que, além do conforto que proporcionava a toda nossa família, tínhamos agora cada um o seu gabinete de trabalho. O meu, inclusive, num adendo totalmente independente do bloco central, de modo que poderia escrever até altas horas, entrar e sair sem incomodar ninguém.

Toda essa felicidade seria empanada pela morte de minha mãe. Mulher de grande energia até depois dos 70 anos, sofrera uma queda da escada, ainda na Rua Resedá, e fraturara uma das pernas. A difícil recalcificação em sua idade a obrigara a moderar sua atividade. Não podia mais sair sozinha, como de hábito, por mais que eu me opusesse, para fazer compras na Rua do Ouvidor, só pelo prazer de andar pelas ruas, sentir o movimento da cidade. Essa limitação tirou-lhe o prazer de viver. Quando sobreveio um derrame cerebral e foi hospitalizada, senti nitidamente que não queria mais lutar contra a morte, recebia-a de braços abertos. E em poucos dias nos deixou.

QUANDO DECIDI ADAPTAR *O bem-amado* para a televisão, a peça vinha de uma trajetória sinuosa de tropeços e discretos êxitos desde sua primeira versão. Fora encenada pela primeira vez pelo Teatro de Amadores de Pernambuco, em 1968, quando a reescrevi, obtendo sucesso regional, e tivera sua primeira montagem rigorosamente profissional no Rio, em 1970, com direção de Gianni Rato e Procópio no papel de Odorico Paraguaçu. Rato não foi feliz em sua concepção do espetáculo e a escolha de Procópio revelou-se um equívoco. A peça passou em branca nuvem. Mesmo assim, despertou o interesse de dois jovens produtores de cinema que me compraram os direitos de filmagem e contrataram Leon Hirshman para a direção. Cheguei a escrever o roteiro e a participar da escolha de locações e do elenco. Teria sido filmada em Parati, com Fregolente como protagonista, se a mãe dos dois jovens produtores, viúva rica de quem vinha o dinheiro para os rapazes brincarem de cinema, não tivesse repentinamente mudado de ideia e desistido da brincadeira. Na tevê, eu teria oportunidade de escrever a história pela quarta vez, desenvolvendo-a em toda sua potencialidade, em decorrência do número exagerado de capítulos, 180. É difícil, é quase impossível, numa obra tão extensa, manter o mesmo nível de produção do princípio ao fim. Entretanto, apesar de ser um trabalho pioneiro, pois era a primeira novela em cores no Brasil, alguns capítulos me proporcionaram grande prazer estético (principalmente graças à atuação do elenco primoroso, no qual sobressaíam Paulo Gracindo, Lima Duarte, Emiliano Queiroz, Jardel Filho, Milton Gonçalves, Dirce Migliacio, Carlos Eduardo Dolabela, Rogério Fróes e Ida Gomes) e me levaram a uma reflexão: "Seria possível realizar uma verdadeira obra de arte na televisão? Principalmente se estendêssemos o conceito a uma arte de massas? Ou haveria limitações de ordem estética intransponíveis? Essas limitações não seriam mais de ordem conjuntural e extraveículo, localizadas principalmente na forma e nos objetivos comerciais da produção?" Perguntas para as quais, até aquele momento, não tinha resposta. Entendia o caráter efêmero da televisão, sua linearidade, sua horizontalidade, que rejeitava reflexões profundas, em que pesasse seu fantástico poder de denúncia e abrangência nunca alcançado por qualquer outro meio de expressão. Mas eram limitações que não lhe recusavam o passaporte para o meio das artes. Em suma, entrando no revelador terreno do absurdo, em condições ideais, Shakespeare redivivo teria podido mostrar ali seu gênio? Seriam pertinentes todas essas dúvidas ou, quem sabe, eu estava apenas tentando me justificar e aplacar minha consciência culpada?

O enorme sucesso da novela abriu caminho para a exportação, exibida que foi em dezenas de países, Odorico e Zeca Diabo falando os mais estranhos idiomas. Sete anos depois da exibição de seu último capítulo, voltaria em forma de seriado (cada episódio uma história diferente, com as mesmas personagens) e se manteria no ar por mais cinco anos. Nessas histórias, eu sempre buscava inspiração em fatos políticos, satirizando e criticando o "sistema", em tempos que a Censura ainda não o permitia. *O bem-amado* era uma pequena janela aberta no paredão de obscuridade construído pelo regime militar. Não que a Censura não percebesse e não mutilasse os textos, mas tinha certa dificuldade em fazê-lo, já que os censores nunca primaram pela inteligência. E, quando agiam, deixavam patente sua estupidez. A novela já estava em meio quando proibiram que se chamasse Odorico de "coronel". Mais adiante, vetaram que Zeca Diabo fosse chamado de "capitão". E, já faltando apenas cinco capítulos para terminar, o cabo Ananias teve sua patente cassada. Eram realmente brilhantes nossos censores. Tanto quanto seus superiores, como prova o memorando enviado pelo folclórico general Bandeira, superintendente da Polícia Federal, e que me foi mostrado pelo próprio chefe da Censura, Wilson Aguiar. "Recomendo a todos os censores ler com especial cuidado os textos do sr. Dias Gomes, linha por linha e *principalmente* nas entrelinhas." Devido a essa recomendação, eu tinha cenas e mais cenas cortadas sem o menor sentido, o que me obrigava a ir frequentemente a Brasília discutir com os censores, tentando liberar alguns cortes para os quais, por mais que procurasse, não encontrava explicação.

— Veja esta cena — era uma cena de *Saramandaia,* um diálogo pueril entre dois jovens sem nenhuma implicação moral ou política —, já li e reli uma dezena de vezes e não descubro o motivo do corte.

O chefe da Censura, o mesmo Wilson Aguiar, cidadão simpático, bem-vestido, bem-penteado, que não economizava sorrisos e delicadezas, tomou o script, leu, releu, mastigou em seco e mandou chamar o censor que havia feito o corte. Passou para ele minha incompreensão, que era também sua.

— Vamos supor que eu queira, de hoje em diante, ser um "bom-moço" — argumentei —, seguindo obedientemente os critérios da Censura. Para isso, preciso entender esses critérios.

— É... — disse o censor, depois de ler o texto, abrindo-se num sorriso de suposta perspicácia sherlockiana — assim, lendo superficialmente, parece um diálogo inofensivo. Mas o que o senhor estava pensando quando escreveu é que é o problema.

Ele havia entrado em meu cérebro e censurado meu pensamento!

Por essa época, a TV Globo tentou levar ao ar, num programa especial, uma adaptação feita por mim mesmo de *O pagador*, num teleteatro de uma hora da duração. A Censura declarou que só permitiria se o final da peça fosse modificado, isto é, Zé do Burro não poderia entrar na igreja nos braços do povo, imagem considerada subversiva, um incitamento à insurreição. Claro que não concordei. Era uma maneira covarde de proibir a peça.

Boni telefonou-me, atropelando as palavras, naquela voz metálica que às vezes me feria os ouvidos:

— Estou com um problema sério; Sérgio Dourado reclamou ao Dr. Roberto Marinho que você está escrevendo uma novela baseada na vida dele, e Dr. Roberto mandou cancelar a novela. Por favor, venha pra cá imediatamente.

Sérgio Dourado era o dono de uma empresa imobiliária que estava destruindo o Rio de Janeiro, derrubando casas e mais casas para construir horrendos prédios de apartamentos. A novela a que Boni se referia era *O espigão*, em que eu verberava esse procedimento, em defesa da ecologia e até mesmo da estética. A personagem central era o proprietário de uma grande empresa imobiliária que lutava para comprar e demolir uma mansão em Botafogo a fim de erguer no local um edifício de 50 andares, que eu apelidei de "espigão" (hoje o termo já faz parte do vernáculo). Sérgio Dourado enfiara a carapuça porque eu mandara pesquisar o dia a dia do comércio imobiliário para poder escrever com segurança. Ainda no meu carro, a caminho da Globo, fui pensando numa solução. Quando entrei na sala do Boni, ele estava reunido com seus assessores, tratando justamente do assunto. E o clima era tenso, dramático, as chamadas da novela já estavam no ar. Todos me olharam, e li em cada rosto o mesmo comentário: "Que merda, hein?". E, antes que alguém falasse, ergui os braços num gesto de paz.

— Calma, calma... já tenho a solução. O protagonista não é dono de uma empresa imobiliária, é proprietário de uma cadeia hoteleira e quer construir um grande hotel.

Como por milagre, os rostos mudaram de expressão, vislumbrei até alguns sorrisos. Boni pegou o telefone, ligou para Dr. Roberto. Não havia mais motivo para seu amigo Sérgio Dourado reclamar. E, quando desligou, aliviou sua tensão:

— Do caralho — disse, às gargalhadas —, a novela está liberada.

De fato, eu não mudara nada na minha história. A crítica ao crescimento desordenado da cidade continuava e também à poluição ambiental. Pela primeira vez eram abordados os problemas ecológicos na televisão — até mesmo a palavra *ecologia* era totalmente desconhecida do grande público —, a novela ajudou a popularizá-los e a criar uma consciência. E de nada adiantou a mudança, porque naquele momento era tal a quantidade de placas da Construtora Sérgio Dourado que infestava a cidade, que o público imediatamente o identificou com Lauro Fontana, o ambicioso e predatório dono de hotéis, chegando até a apedrejá-lo quando participava do lançamento de mais um prédio. Dirigida por Régis Cardoso e com um elenco que contava com Milton Moraes, Suely Franco, Bety Faria, Ary Fontoura, Carlos Eduardo Dolabela, Suzana Vieira, Wanda Lacerda, Cláudio Marzo e Débora Duarte, *O espigão* era, até então, minha novela mais bem produzida. Na época — e até o fim da década de 1970 —, os textos eram escritos por um único e solitário autor, que não contava com colaboradores nem assessores de toda natureza, como veio a tornar-se comum na década seguinte, quando a Globo reconheceu o brutal esforço mental e físico que era escrever trinta e tantas laudas por dia durante meses e meses. Não um feito artístico, mas um feito esportivo. De sorte que, quando por volta do centésimo capítulo fui subitamente acometido de bronquiectasia — comecei a vomitar sangue às golfadas —, alguém teria que escrever alguns capítulos até que eu me recuperasse. Janete não podia, estava escrevendo *Fogo sobre terra*. Lauro César Muniz foi chamado às pressas para o sacrifício, e cerca de dez capítulos saíram de sua máquina. A bronquiectasia — rompimento de uma veia no pulmão — era consequência de um processo de tuberculose que eu sofrera sem saber. Quando o médico diagnosticou, fiquei surpreso.

— Mas, doutor, eu nunca fui tuberculoso.

— Foi, sim, há cerca de 10 anos — reafirmou — e seu próprio organismo reagiu e curou-se. Mas a cicatrização mal feita rompeu-se agora.

Quando ele disse "há cerca de 10 anos", fiz as contas. Em abril de 1964, enquanto fugia à prisão, eu carregava comigo uma pneumonia que as circunstâncias me impediam de tratar. E ali a repressão deixara sua marca.

Em 1975, Boni resolveu fazer uma alteração. Eu, que começava a escrever *Roque Santeiro* e que sempre ocupara o horário das 10 horas, passaria para o das 8, e Janete desceria para o das 7. Isso a magoou bastante, considerou um desprestígio, e Boni precisou de muito tato para convencê-la do contrário, isto é, de que desejava valorizar o horário das sete, argumento que nunca a convenceu. A inesperada proibição de *Roque*, aliás, *A fabulosa história de Roque Santeiro e sua fogosa viúva, a que era sem nunca ter sido,* colheu-nos de surpresa, eu já no quinquagésimo primeiro capítulo, e ela já com *Bravo* no ar. A proibição não era apenas insólita, mas cercada de mistérios (como a proibição de *O berço*), a Censura, a princípio, dizia apenas que a novela era imprópria para o horário das oito. Perguntamos se seria liberada para o horário das dez. A resposta era ambígua, talvez, mas os cortes seriam tantos, que dos primeiros capítulos só restariam poucos minutos. Pedimos que nos mandassem esses capítulos com os cortes feitos. Bem, nesse caso teriam que rever os cortes e possivelmente haveria outros, era melhor que desistíssemos dessa novela. Enfim, entendemos que a novela estava proibida, e eles, por motivos que só viríamos a descobrir muitos anos mais tarde, não tinham a hombridade de enviar um despacho com essa decisão. Em desespero de causa, pois as chamadas já estavam no ar, afirmava-se que o problema fora levado ao Dr. Roberto Marinho, que entrara em ação. O ministro da Justiça, Armando Falcão, era homem de sua confiança, teria sido indicado por ele, diziam. Mas Armando Falcão começara a fugir do Dr. Roberto — era o que se comentava na sala de Walter Clark. E estávamos já a poucos dias da estreia. Boatos alarmantes circulavam pelos corredores; Boni chamou-me um dia e disse, preocupado:

— Sabe o que informaram ao Dr. Roberto? Que foi encontrado um plano de agitação nacional com um subversivo preso, e um dos pontos desse plano é a novela *Roque Santeiro*.

— Isso é mentira — rebati, indignado. — Peça ao Dr. Roberto que intime o informante a mostrar esse plano, quero ver.

No dia seguinte, Boni disse-me:

— Falei com Dr. Roberto, ele achou melhor não pedir para ver o plano, pode ser verdade... — Embora já tivesse me desligado do Partido, o estigma de subversivo continuava e continuaria sempre gravado em minha testa.

A luta continuava. Uma delegação de atores os mais representativos fora a Brasília protestar e o boletim informativo da Rede Globo, distribuído semanalmente à imprensa, aparecia com a capa em branco e apenas a palavra SILÊNCIO. Por causa disso, seu diretor, Carlos Magaldi, foi demitido. E vi Boni — que imaginava um frio executivo, enrijecido pela responsabilidade de dirigir um poderoso complexo de comunicação — numa crise de nervos, chorando e referindo para mim a carta que endereçara a Dr. Roberto, inconformado com essa demissão. Afinal, Magaldi estava lutando a nosso lado, como, aliás, todos os funcionários da emissora, até mesmo aqueles que poderiam ter fundadas queixas. E a demissão foi revogada.

Tudo aquilo era tão estranho, tão kafkiano, que cheguei a formular uma explicação (inteiramente furada, como viria a constatar anos depois). Pouco tempo antes, alguns diretores da Globo haviam sido convocados à Escola Superior de Guerra para assistir a uma conferência pronunciada por um oficial especializado no combate à propaganda subliminar. A teoria era a seguinte: os comunistas, que haviam sido totalmente destroçados, quer na organização partidária, quer na luta armada, estavam empenhados agora numa forma de propaganda ideológica difícil de detectar — a propaganda subliminar. Usavam para isso os meios de comunicação. E apresentou exemplos. Projetou um comercial de Modess, no qual aparecia a atriz Marília Pêra vendendo o produto, especificando suas qualidades de maciez como absorvente do líquido menstrual.

— Aí está um bom exemplo — explicou o oficial-conferencista. — Os comunistas buscando destruir a sociedade, atacando a família brasileira no que ela tem de mais representativo, a mulher, em sua intimidade e seu pudor.

Outros exemplos, igualmente emblemáticos, foram dados, provocando indignação em alguns presentes, justamente ofendidos em sua inteligência. A proibição de *Roque Santeiro* — pensava eu e continuei pensando durante muito tempo — era uma decorrência dessa teoria da propaganda subliminar comunista e fora tramada para chamar a atenção sobre esse vírus que ameaçava destruir o sistema, tanto que, no dia seguinte à estreia (que não houve), ao contrário do que acontecia normalmente, os jornais foram liberados para abrir páginas e mais páginas sobre o assunto. O golpe não dera certo porque uma pesquisa de opinião feita logo a seguir mostrara que a opinião pública estava maciçamente contra a Censura. Não era nada disso, apenas um telefone fora grampeado e, graças a uma inconfidência minha, o Dops viera a descobrir que a novela era uma adaptação de *O berço do herói*.

Mas as chamadas continuavam indo ao ar, e no dia marcado para a estreia, encerrando o *Jornal Nacional,* Cid Moreira leu um editorial comunicando a proibição e protestando veementemente contra isso, qualificando o ato atrabiliário de inadmissível empecilho à elevação do nível da televisão. Em seguida, para espanto de milhões de espectadores, entrou no ar a apresentação da novela, feita com extraordinário bom gosto sobre gravuras populares nordestinas. Todos imaginaram que a Globo iria desobedecer à Censura e transmitir o primeiro capítulo. Em vez disso, Cid Moreira voltou à telinha e leu novamente o editorial que, então, assumiu tonalidades de acinte e rebeldia, como se um grupo de guerrilheiros houvesse tomado de assalto a emissora e emitido um manifesto revolucionário.

Eu me encontrava na sala de Walter Clark, onde todo seu staff aguardava as consequências daquele gesto. O ar estava tão carregado de eletricidade, que os objetos davam choque. Esperava-se a cassação do canal. E durante cerca de 20 minutos Walter esteve com o ouvido colado ao telefone, em contato com o representante da Globo em Brasília. Alguém atendeu em outra linha à deputada Sandra Cavalcanti, que perguntava o que estava havendo, assustada; havia ligado para o chefe da Casa Militar, que de nada tinha conhecimento, aguardava o início da novela e fora surpreendido com o editorial. Só se voltou a respirar com tranquilidade quando Walter Clark desligou o telefone, depois de ouvir do representante:

— Aqui está uma tremenda confusão, ninguém sabe o que vai acontecer. Mas de uma coisa pode ficar certo: a hipótese de cassar o canal está afastada.

Em substituição a *Roque* entrou uma reprise de *Selva de pedra*, e a Globo enviou à Censura três sinopses para aprovação. Uma delas era minha, *Quando os homens criaram asas* (que depois apresentei com o título de *Saramandaia*). Falava-se que os militares haviam pedido a minha cabeça, e a emissora respondia com esse gesto. As outras duas eram adaptações de romances de José Lins do Rego e de Érico Veríssimo. Resultado: Rego e Veríssimo foram vetados, e a Censura pediu que a Globo retirasse minha sinopse, não queriam me proibir pela segunda vez (talvez temessem transformar-me em mártir). Nesse momento, Janete mostrou a mulher determinada que era.

— Muito bem, mas daqui de casa esse horário não vai sair. Eu vou escrever a próxima novela das oito.

Gilberto Braga, que estava dando seus primeiros passos na tevê, foi chamado para continuar a novela das sete, e ela se entregou à criação daquele que, no meu entender, é seu melhor texto, *Pecado capital*.

Nessa novela, ela mudava seu estilo, voltando-se agora para os problemas sociais e assumindo um realismo-romântico. Por isso, fofocas surgiram na imprensa alegando que eu é que estava escrevendo, o que era absolutamente falso. Janete foi, até morrer, vítima da incompreensão e do preconceito de alguns jornalistas, arvorados em críticos, que — enquanto seus trabalhos alcançavam enormes índices de audiência — lhe faziam restrições, quase sempre idiotas. E até, maldosamente, procuravam nos jogar um contra o outro. Essas intrigas nunca prejudicaram nossa relação, mas as críticas preconceituosas a feriam fundo. O que lhe valia era a extrema capacidade de, em poucas horas, cicatrizar essas feridas e prosseguir com a garra de sempre.

Saramandaia tinha o duplo propósito de driblar a Censura e experimentar uma linguagem nova na tevê — o realismo absurdo. Trabalhando com símbolos e metáforas, eu tornava difícil o trabalho dos censores, embora não evitasse cortes e mais cortes (eu aprendera a usar um estratagema: como os critérios da Censura eram extremamente variáveis e os censores eram trocados frequentemente, eu repetia uma cena vetada 20 capítulos adiante e, se novamente cortada, voltava a repeti-la até vê-la aprovada). Quanto ao absurdo sincretizado ao realismo, que alguns julgavam mera adesão ao modismo, já que, na literatura, estávamos em pleno *boom* do realismo fantástico, ele já existia, em doses mais discretas, em minha obra. Em *O pagador* (a absurda promessa de Zé do Burro), em *O bem-amado* (a absurda dificuldade de Odorico para inaugurar um cemitério por falta de defuntos) e, em ambas as peças, o absurdo universo que gere a ação. E isso decorria, antes de tudo, de uma visão pessoal de nosso país, que não pode ser entendido sem se levar em conta essa conotação insólita, já que o absurdo faz parte de nosso dia a dia. Algumas metáforas eram de fácil apreensão, como a do protagonista, João Gibão (Juca de Oliveira), que nascera com asas e era obrigado a cortá-las e ocultá-las sob o gibão de couro; no final, sua determinação de deixar crescer as asas e voar era uma clara alegoria a nosso anseio de liberdade. Ou a do latifundiário Coronel Zico (Castro Gonzaga) roído internamente por um formigueiro, as formigas saindo-lhe pelo nariz. Ou ainda a fogosa Marcina (Sônia Braga) cujo corpo, queimando os lençóis da cama, provocava incêndios. Outras eram mais sutis e geravam as mais díspares interpretações, como Dona Redonda (Wilza Carla), que comia tanto, engordava tanto, que um dia explodia. Arthur da Távola entendeu como uma crítica à sociedade de consumo, o que nunca me passou pela cabeça. Mas foi a novela que mais prazer me deu escrever, embora não esteja entre as mais bem produzidas. Exigia muitos efeitos especiais, uma tecnologia que a televisão só viria a dominar alguns anos mais tarde. Também Walter Avancini, excelente diretor, afastou-se depois do vigésimo capítulo, o que foi lamentável.

    A inovação de linguagem e de estilo provocou muita polêmica, e o *Jornal do Brasil*, numa página escandalosa, colocou em dúvida o que chamava de minha "explosão de criatividade", sugerindo maldosamente que eu bebera em outras fontes, e alguns colegas intelectuais deram declarações dúbias, provavelmente incomodados com meu sucesso. Somente Nelson Werneck Sodré saiu em minha defesa.

    Estava eu já escrevendo os últimos capítulos, e Flávio Rangel ensaiando *O santo inquérito* no Teatro Tereza Rachel, quando recebi a comunicação, por intermédio do professor Leon Lyday, da Penn State University, de que fora escolhido pela universidade o "escritor convidado" daquele ano (dois anos antes o convidado fora Jorge Amado, e, depois dele, o dramaturgo polonês Slomir Mrozec). Leon Lyday havia traduzido para o inglês *O berço do herói,* que deveria ser encenada pelos alunos recém-graduados da escola de teatro da universidade, e vinha ao Rio com uma bolsa, oferecida por uma fundação americana, para estudar a minha obra, objeto de uma tese que iria defender.

21

Como escritor convidado, eu deveria passar dois ou três meses na Penn State University, fazendo palestras sobre minha obra teatral e acompanhando, paralelamente, os ensaios de *The Cradle of the Hero*. O grande problema era conseguir sair do Brasil naquele momento, quando a repressão — início do Governo Geisel, que prometia "distensão lenta e gradual" — atingia alto grau de violência (em outubro daquele ano, o jornalista Wladimir Herzog seria assassinado nas dependências do Doi-Codi e, em janeiro do ano seguinte, o mesmo aconteceria ao operário Manuel Fiel Filho). Não foi difícil conseguir o visto no passaporte, difícil foi o próprio passaporte. As autoridades achavam que eu iria fazer propaganda contra o Brasil nos Estados Unidos e somente depois de muitas gestões, quando usei até mesmo o prestígio da TV Globo, concordaram em deixar-me sair, ficando claro que meu comportamento lá fora seria observado e que eu deveria arcar com as consequências. Enfim, eu podia sair livremente; voltar, dependeria...

Janete foi comigo, apesar do pavor de viajar de avião que sentia até então. Esse pavor fez com que quase voltássemos do aeroporto. Estávamos já embarcados, a aeronave com as turbinas ligadas quando, subitamente, todas as luzes apagaram-se e os motores cessaram de funcionar. Ouviu-se a voz do piloto: "Senhores passageiros, tivemos uma ligeira pane, nossa decolagem sofrerá um atraso de aproximadamente uma hora." Janete, que tinha minhas mãos apertadas entre as suas, levantou-se de um salto.

— Neste avião eu não vou!

Desembarcamos e chegamos a mandar descer nossa bagagem, Janete determinada a não viajar. Uma funcionária da companhia aérea, muito habilmente, procurou demovê-la e acabou conseguindo. Voltamos ao avião, mas a polícia alfandegária, desconfiada, mandou abrir e revistar toda a nossa bagagem (quando chegamos para fazer o *check in* fomos levados para uma sala, onde permanecemos por meia hora, Janete tomada de enorme tensão, enquanto um policial se comunicava com as autoridades competentes a fim de saber se podíamos mesmo deixar o país).

Chegamos a Nova York após um voo absolutamente tranquilo. Mesmo assim, daí para a pequena cidade de State Colege, onde se localizava a universidade, Janete obrigou-me a alugar um carro, depois de verificar que o voo seria feito num minúsculo bimotor.

State Colege é uma dessas típicas e pacatas cidadezinhas do interior dos Estados Unidos — tendo na época pouco mais de 30 mil habitantes — com suas ruas preguiçosas e seus bangalôs de madeira trabalhada precedidos de um gramado sempre bem tratado pelo dono da casa. Leon Lyday levou-nos até a residência que a universidade havia alugado para nós, um gracioso chalé branco de janelas verdes; ali deveríamos morar durante nove semanas. A proprietária mudara-se para o porão, e nós iríamos ocupar o andar de cima. Era confortável e aconchegante, tínhamos dois quartos, sala e um escritório. Leon, um americano ruivo, alto e esguio como um jogador de basquete, parecia extremamente preocupado em retribuir nossa hospitalidade quando nos visitara no Rio. Era professor de português e espanhol, e falava com fluência nossa língua. Estávamos em princípio de outubro, e já fazia bastante frio.

Organizei um ciclo de nove palestras sobre dramaturgia brasileira, de Anchieta aos nossos dias, inserindo-me nesse contexto. Tive então oportunidade, pela primeira vez em minha vida, de refletir sobre meu próprio teatro, sobre o impasse em que se encontrava nossa dramaturgia e os caminhos que se poderiam abrir a minha frente. A frequência às palestras era reduzida, composta em sua maioria de professores e não de alunos, como eu supunha. Reduzido também era o interesse pelo Brasil, logo pude constatar. Uma sala foi-me destinada para que eu atendesse diariamente aos alunos que tivessem alguma curiosidade não somente por minha obra, mas também por nosso país. Raros foram os que me procuraram, e era desolador constatar que nenhum deles tinha informação sequer elementar sobre o Brasil. Essa desinformação eu iria encontrar até mesmo no diretor de *O berço do herói*, Manuel Duque, um simpático americano descendente de portugueses, a quem tive que explicar que no nosso carnaval se dançava samba e não rumba, como no final de sua encenação. E também que não usávamos *sombreros*. E tantas correções fiz, que ele, desolado, me disse:

— Tudo bem, vamos mudar tudo isso, mas a crítica vai me malhar, vai dizer que não ambientei a peça corretamente, porque é essa a ideia que eles aqui fazem do Brasil.

Corrigidos todos esses equívocos, o espetáculo superou minha expectativa. Esteve a um passo de ser brilhante. Embora a equipe técnica fosse profissional, os atores acabavam de cursar a escola e demonstravam domínio cênico de veteranos. Levando-se em conta que a Penn State era uma universidade voltada para a agricultura, essa atenção dada ao teatro contrastava com o total descaso pelas artes cênicas em nossas escolas de ensino superior. Impressionou-me, principalmente, o fato de haver no *campus* nada menos do que quatro salas de espetáculos.

Como eu passava os dias na universidade, Janete ficava sozinha em casa e aproveitava para escrever sua próxima novela, *Duas vidas*. Creio que foi para ela um período de profundo tédio; o trabalho, ao qual se entregava sempre com paixão, seu único antídoto. Tédio de que eu também era tomado quando permanecia horas e horas na minha sala, na universidade, à espera de alguém que quisesse saber alguma coisa sobre o Brasil. Para combater a depressão, comecei a escrever uma peça, *Missa para desafinados*, que nunca concluí, embora viesse a aproveitar uma de suas cenas em *Meu reino por um cavalo*. Começava já a nevar, o tapete verde que se estendia diante de nossa casa parecia lavar-se com sabão em pó quando deixamos Penn State. Dessa vez fomos de trem a Nova York a fim de pegar o avião para o Rio. Logo que chegamos, recebi um telefonema de Paulo Francis, comentando as eleições que acabavam de ser realizadas no Brasil.

— Sabe que entre os mais votados para presidente está um tal de João Gibão? Quem é esse João Gibão?

— É a personagem principal de minha novela *Saramandaia* — expliquei.

Francis explodiu numa gargalhada gutural que mais parecia um latido desafinado.

— Ah, paísinho...

Quando regressamos ao Rio, a nova versão de *O santo inquérito* estava já em cartaz há mais de um mês. Apesar do ótimo elenco — Isabel Ribeiro no papel de Branca Dias, Cláudio Marzo no de Augusto, Carlos Vereza no de Padre Bernardo, e Ítalo Rossi no de Visitador — o espetáculo não ia bem, a crítica se dividira e o público não comparecia na medida do esperado. Flávio estava desolado.

— Ainda que a gente não queira admitir, há uma palavra pairando sobre nós: fracasso.

E os motivos eram fáceis de entender: sua *mise-en-scène* era totalmente equivocada. Contrariando a proposta do texto, que era de um espetáculo despojado, sem cenários e com radical economia de recursos cênicos, Flávio partira para o extremo oposto, uma encenação operística — incluíra até mesmo um coro — num cenário monumental. Ítalo Rossi, esse grande ator, passava por uma crise de alcoolismo e era obrigado a subir numa plataforma de cinco ou seis metros de altura. Dizia seu texto oscilando como um pêndulo, deixando os demais atores, lá embaixo, apavorados, na expectativa de vê-lo desabar sobre eles. Foi preciso substituí-lo por Rubens de Falco, mas todas as noites comparecia ao teatro e ameaçava entrar em cena. Nunca houve, creio, espetáculo tão acidentado. O Teatro Tereza Rachel não possuía refrigeração, era uma caixa de cimento sem qualquer janela que permitisse a entrada de ar, e estávamos no verão, a temperatura beirava os 40 graus à sombra. Quando a plateia enchia, faltava oxigênio no palco e Isabel Ribeiro desmaiava em cena. Na primeira vez que isso aconteceu, a produção providenciou um grande ventilador, que foi colocado numa das coxias. Assim, quando ela se sentia mal, alterava a marcação, aproximava-se do ventilador e enchia de ar os pulmões. Carlos Vereza, ator de rara sensibilidade, mas um perfeccionista, não gostou da ideia; alegava que o ruído do aparelho o perturbava numa cena que exigia concentração. E, toda vez que passava pala coxia para entrar em cena, chutava o fio do ventilador, desligando-o. Ato contínuo, Isabel desmaiava. Por três vezes isso aconteceu e fez com que ela, incorporando sua personagem, desenvolvesse uma paranoia: passou a ver em Vereza não o inquisitorial Padre Bernardo, mas o próprio demônio. Precisou ser internada numa clínica de repouso, e Dina Sfat entrou no dia seguinte, a meu pedido — gesto heroico pelo qual lhe serei eternamente grato. Não tendo tido tempo de decorar o papel, pediu desculpas ao público e leu o texto. Foi ovacionada ao fim do espetáculo, por sua coragem e seu senso profissional. Conquistaria outros aplausos até o fim da temporada, dessa vez por sua vigorosa interpretação.

Flávio escutou calado a crítica que fiz de sua encenação, minha discordância.

— Você tem toda razão, eu errei tudo — disse, simplesmente —, um dia eu ainda vou voltar a encenar essa peça e corrigir todos os erros que cometi.

Não precisou esperar muito; Regina Duarte havia assistido ao espetáculo e me pediu permissão para encená-lo em São Paulo, no ano seguinte. Flávio, convidado para dirigir, não só cumpriu o que prometera, corrigindo todos os equívocos da montagem carioca, mas foi muito além disso, concebeu uma encenação totalmente nova, essa sim, despojada e vigorosa — a melhor que essa peça já teve — com amplo sucesso de público e de crítica. Creio que poucos diretores no mundo seriam capazes de duas concepções cênicas tão diferentes de um mesmo texto, tendo a segunda a grandeza da humildade do reconhecimento dos erros cometidos na primeira. Acresce que, agora, Branca Dias tinha a intérprete que eu sugerira a Ziembinski em 1966.

O CONVITE PARA IR A LISBOA assistir à estreia do mesmo texto, encenado agora pelo Grupo de Campolide, em setembro de 1977, chegou quando Janete estava empenhada em mais um trabalho para a tevê e não podia me acompanhar. Eu nunca tivera uma peça encenada em Portugal, *O pagador* fora proibido pela censura salazarista (o filme foi exibido com grande sucesso e sem problemas), enquanto na Espanha franquista a peça alcançava enorme êxito de público e de crítica, e o filme era interditado. As ditaduras não primam pela coerência. Mas Portugal estava ainda sob o impacto da rósea e romântica Revolução dos Cravos, respirava-se por toda parte uma aragem de esperança e renovação. Nas ruelas de Lisboa, que tanto me lembravam o casario colonial de minha velha Salvador, sentia-se o povo descontraído e falante, como que aliviado das mordaças que o haviam tolhido durante décadas.

Guida Maria era uma Branca Dias encantadora, parecia levitar no palco, procurando transmitir o desamparo e a pureza da personagem com emocionante entrega. Mas eu vinha de assistir à nova montagem de Flávio Rangel em São Paulo, uma encenação que passava toda a indignação com que eu escrevera o texto. Flávio achara a forma perfeita, sua *mise-en-scène* era ágil, viril, impactante, agressiva. O espetáculo do Teatro da Trindade era o oposto, camuflava a denúncia com extremado esteticismo, que por vezes apelava para ultrapassado expressionismo (lembrava um mau Ziembinski), e estendia-se, lento e sonolento, com enormes e angustiantes pausas, por mais de três horas (o diretor marcara a entrada do Visitador com um ritual: saindo de uma banheira, ele, ajudado por dois cônegos, vestia peça por peça de sua indumentária, numa cena sem palavras que durava 12 intermináveis minutos). Eu, afundado numa poltrona da plateia, imaginava, apavorado, suando frio, que ao baixar o pano a vaia seria inevitável (jamais concordei com Nelson Rodrigues em que a vaia é a glória do autor, talvez por nunca ter sido vaiado). Abstraindo-me do que se passava no palco, arquitetava como sair daquela situação. Pensei numa fuga, um desmaio simulado, levado às pressas para um pronto-socorro, isso me livraria de um confronto constrangedor com os atores, o público, a imprensa. No dia seguinte, pegaria o avião para o Brasil e faria de conta que tudo não passara de um pesadelo.

Todo esse meu plano foi frustrado pelos intermináveis e calorosos aplausos ao fim do espetáculo. Arrancado da poltrona e levado ao palco quase aos trambolhões, meu rosto deve ter expressado minha perplexidade, meu espanto. Não acreditava mesmo no que estava acontecendo. E senti-me constrangido e envergonhado de ter detestado tudo aquilo. Não, aquela gente tão generosa jamais deveria suspeitar do que se passara em minha mente — seria imperdoável ingratidão. E, embora constantemente instado a opinar sobre o espetáculo durante toda uma semana que passaria em Lisboa, cumulado de inibidoras gentilezas, sempre conseguia escapar, desconversando ou tergiversando. Quando foi levar-me ao aeroporto, Guida Maria não se conteve:

— Dias, tu passaste uma semana entre nós, conversaste, deste entrevistas aos jornais, à televisão, pintaste o caneco e afinal não disseste se gostaste ou não do nosso espetáculo.

Para minha salvação, nesse momento o alto-falante chamava-me para embarque.

Daquela visita a Portugal, minha memória fixou também as palavras da apresentação que de mim fez Augusto Boal — que lá estava exilado — antecedendo uma palestra que fiz para alguns artistas:

— O povo brasileiro lutou contra a ditadura getulista e Dias Gomes estava lá. Lutou pelo monopólio estatal do petróleo e Dias estava lá. Lutou pela paz mundial e Dias estava lá. Lutou contra a Censura e Dias estava lá. Lutou contra a ditadura militar e Dias estava lá.

Ao que parece, Boal não me via como dramaturgo, mas apenas como militante político, o que não vinha ao caso e me constrangia. Comecei minha palestra dizendo:

— Bem, senhores, eu sou aquele que "estava lá" e agora "está aqui".

Nos três últimos anos da década de 1970, uma relativa folga na televisão permitiu-me voltar a escrever para o teatro. Começava a distensão política "lenta e gradual", como havia prometido Geisel, e *As primícias* — em que eu lançava mão do medieval "direito de pernada" ou "direito da primeira noite" — *jus primae noctis* — para denunciar que outras formas do direito de violentar ainda estavam em vigor — era uma sátira poética ao poder absoluto que começava a desmoronar, ainda em linguagem metafórica, já que a Censura continuava a existir.

Sempre vi no musical (não a peça com música, como no teatro brechtiano) um gênero em que a moldura ofuscava a própria tela. Nos anos 1960, meu agente nos Estados Unidos, Stanley Richards, insistiu para que eu aceitasse uma proposta de transformar *O pagador* num musical da Broadway, e eu recusei, como que vendo nisso uma heresia (hoje acho que fiz a maior tolice de minha vida). Mas Vianinha insistia em que devíamos pesquisar a fundo o velho e falecido teatro de revista (com o advento da televisão, havia desaparecido totalmente) e buscar nele a forma do musical brasileiro. Chegamos a discutir muito sobre isso — naqueles tempos discutia-se tudo até a exaustão. Vianna conseguiu minar minhas resistências, mas não viveu o suficiente para ver-me, numa reunião do Grupo Casa Grande, lendo o esboço de um musical, *O rei de Ramos* e convidando Chico Buarque para compor a partitura. O Casa Grande era um grupo de intelectuais de esquerda — entre os quais estavam Ferreira Gullar, Flávio Rangel, Antonio Callado, Chico Buarque, Carlos Eduardo Novais e os donos do teatro, Moisés Ajhaenblat e Max Hauss — que conseguia manter aberto um espaço para discussões políticas, apesar da ditadura. Nesse mesmo teatro, aliás, comemorou-se mais tarde o fim da Censura federal, com a presença do ministro da Justiça. Em 1997, o Teatro Casa Grande seria destruído por um incêndio, seguindo uma espécie de maldição que pesa sobre todas as casas de espetáculo do mundo.

O rei de Ramos, em que Paulo Gracindo repetia no palco sua feliz composição do bicheiro Tucão de *Bandeira 2*, agora rebatizado de Mirandão, alcançou enorme sucesso de público e foi recebido não com hostilidade, mas com certa frieza pela crítica, ainda preconceituosa em relação ao musical. O crítico do *Jornal do Brasil*, ressaltando a perfeição artesanal do espetáculo, em que tudo funcionava com absoluta e harmoniosa precisão, terminava com esta frase: "E daí?" A crítica torcia o nariz ao espetáculo "bem-feito", que passava a ser chamado pejorativamente de "teatrão", para diferenciá-lo, talvez, do anêmico "teatrinho" cujos defeitos eram tolerados em nome de suposta "inovação". Mais uma vez a ótica do absurdo, gerada pelo estrabismo crítico.

Quando orçou a produção, Flávio verificou que necessitaríamos de uma média de 600 espectadores por sessão, durante cinco meses, para apenas cobrir os custos. Assustou-se, e eu também, porque, em termos de teatro brasileiro, essa média era altíssima. Nossa consciência profissional obrigava-nos a levar esses números a Adolfo Bloch, presidente da Funarj, produtora do espetáculo.

— Ninguém mais do que eu e Flávio quer montar essa peça — ressaltei —, mas é preciso que você saiba que o projeto é absolutamente anticomercial; o dinheiro do investimento dificilmente será recuperado.

Adolfo era uma personagem que parecia ter saído de algum romance de Dostoievski — Otto Lara Rezende apelidou-o de Karamabloch — um típico exemplar da alma russa. Muitas vezes cruel e prepotente, capaz de gerar ódios eternos, subitamente sentimental e apaixonado, audacioso, provocando admiração. Zefireli foi quem melhor o definiu: merecia uma estátua, que, em seguida, deveria ser dinamitada.

— Quantos lugares tem o teatro? — perguntou, sem se abalar com nossa sinceridade.

— Mil e duzentos — respondeu Flávio.

— Então?

— Mas não vamos ter esses lugares todos ocupados em todas as sessões, Adolfo.

Mandou que tocássemos a produção assim mesmo. Dois dias depois da estreia da peça, por volta das 10 da noite, recebi um telefonema.

— Dias, aqui é Adolfo — a voz era arfante, rouquenha e choraminguenta, como sempre —, estou no teatro e preciso falar urgente com você.

Corri para o teatro, imaginando que algo de muito grave havia acontecido. Adolfo esperava-me no saguão, levou-me até o balcão superior. O teatro estava lotado.

— Está vendo? Você e Flávio Rangel não entendem nada de teatro. Quem entende sou eu.

E repetiu várias vezes a brincadeira. Alguns anos depois, tendo já ampliado seu império com um canal de televisão, convidou-me a almoçar no restaurante da Manchete e depois levou-me a seu gabinete no suntuoso prédio da Praia do Russel.

— Quero que você venha trabalhar comigo.

— Tenho contrato com a Globo, Adolfo.

— Quanto você ganha lá?

Disse quanto ganhava. Houve silêncio, ele inclinou o corpo para a frente, pôs a mão no meu ombro, vi em seu rosto um desesperado olhar de náufrago.

— Mas pra mim você vem por menos, não? Afinal, você é um artista. E artista não precisa de dinheiro.

ABOLIDA A CENSURA FEDERAL — e participei dessa abolição como membro de uma comissão constituída pelo ministro da Justiça, Fernando Lyra, para esse fim — colocava-se para a chamada "dramaturgia de resistência" um sério problema: não tinha mais sentido fazer uso da metáfora e da analogia. Por outro lado, 20 anos se haviam passado desde que os caminhos de nossa dramaturgia haviam sido obstruídos *manu militari*, e não se podia ignorar que durante esse tempo o mundo havia mudado, até mesmo a forma de leitura sofrerá alteração com a "revolução" audiovisual. Tornava-se necessária, portanto, uma nova linguagem para um novo tempo. Essa constatação levou nossos dramaturgos a um estado de perplexidade que perduraria durante toda a década de 1980.

Em *Campeões do mundo*, eu procurava sair desse impasse. Como bem entendeu Antônio Mercado, diretor da peça, lançava-me na busca de "novas perspectivas para uma poética da escritura cênica — mais fundada na ação dramática do que na expressão verbal e literária; mais preocupada com as novas possibilidades da escritura dramatúrgica do que com a perfeição a ser atingida dentro dos esquemas tradicionais; mais voltada para a contundência de uma linguagem simples e direta do que para o jogo retórico da metáfora. Em suma:

uma linguagem mais apta a retratar o momento de hoje para o homem contemporâneo, como deve ser toda linguagem teatral autêntica". O que me impulsionava a escrever a peça era a necessidade que sentia de refletir sobre um passado recente, que vivera intensamente e com o qual me sentia comprometido. Isso sem impor minha visão particular, mas fornecendo elementos para que o espectador concluísse e formalizasse sua própria visão, já que, no meu entender, não cabe ao teatro — que é o reino da mentira — ditar verdades. Cabe-lhe, sim, armar o espectador para que ele possa, por si mesmo e fora do teatro, encontrá-las. Claro, isso representava, de certo modo, não um rompimento com Brecht — autor que tanto influenciara minha geração — mas a revisão de um de seus postulados, o de que cabia ao teatro a tarefa de mudar o mundo. Não apenas a "purificação" pela catarse, mas a "transformação". Segundo Lukács, "sua intenção profunda era transformar as massas, os espectadores de suas peças. Quando eles se retirassem do teatro deveriam ter sido não somente sacudidos, mas transformados". Acreditamos nisso durante muito tempo. Hoje acho estranho que Brecht tenha chegado a essa conclusão não só pela assimilação da práxis marxista, mas principalmente pela constatação de termos aportado ao século do homem científico, porque confere ao teatro responsabilidade e poder insuspeitados, justamente num mundo extasiado e tiranizado pela técnica. "O nosso mundo atual já não se ajusta ao drama, então o drama já não se ajusta ao mundo", constatava ele, quando se propunha a tarefa gigantesca de ajustar o teatro ao mundo, dando-lhe a dimensão de nosso tempo. O que não basta. O teatro deve ajustar-se ao mundo e estar apto a reproduzi-lo, mas é preciso também que seja capaz de atuar concretamente sobre ele. E, como o mundo atual "só pode ser entendido como um mundo em transformação", daí se infere que toda poética brechtiana do drama e do espetáculo deve ser encarada, dialeticamente, como uma teoria em movimento, sujeita a novos ajustes e novas realidades. Sim, o teatro não pode transformar o mundo, mas por seu intermédio podemos, sem dúvida, transmitir a consciência da necessidade dessa transformação. E, ao contrário do que julgam os que defendem para a arte uma atitude irresponsável perante a história, isso não constitui um abastardamento, mas o reconhecimento do humanismo sem o qual ela carece de qualquer sentido. Para minha satisfação, a crítica mais esclarecida entendeu perfeitamente meus propósitos nessa experiência que marcava uma nova etapa em meu teatro. Uma alegria à parte e muito íntima nessa produção foi conseguir reunir pela primeira vez meus filhos num mesmo projeto artístico, Denise compondo e cantando a bela canção-tema, Guilherme e Alfredo como músicos.

Por essa época, chegavam-me a notícia do grande sucesso que *O pagador* estava fazendo na cidade do México e o convite para ir constatá-lo pessoalmente. Achamos, Janete e eu, que era um bom momento para tirar umas férias e nos refazer das permanentes tensões provocadas pela televisão. Na véspera do embarque, já de malas prontas, Janete foi acometida de hemorragia e levada às pressas para a Casa de Saúde São José, onde o médico, depois de examiná-la, desaconselhou a viagem. Chamando-me em particular, comunicou-me que, embora sujeito à confirmação pela biópsia, seu diagnóstico era de câncer no intestino.

22

Era uma noite do generoso inverno carioca, o frio que sentia parecia desproporcional, gelando-me as entranhas — vinha de minha própria alma. Dra. Maria Grabois, grande amiga e ginecologista que fizera o parto de quase todos os meus filhos, confirmou:

— É câncer mesmo.

Deixei-a em casa, na Rua Paissandú, e voltei para o carro. Tranquei as portas e me debrucei sobre o volante. Permaneci assim não sei quantos minutos. A perspectiva de perder uma companheira de 30 anos tirava-me o chão, como a mutilação de minhas duas pernas. Uma corrente frígida percorria-me a espinha e paralisava meus movimentos. Através do para-brisas embaçado, os transeuntes agasalhados pareciam fantasmas gelatinosos de um mundo sem sentido. Fui despertado por um buzinar irreverente, insultuoso para o momento que eu vivia, indiferente a ele. Se aquilo era o fim do mundo, o era só para mim, os carros continuariam a trafegar, a poluir o ar e a buzinar, e eu teria que obedecer às regras do trânsito, apesar do punhal de gelo cravado em minhas costas.

Não sei, nunca soube se Janete chegou a ter consciência de sua doença, do pacto assinado com a morte naquele momento e que teria que cumprir, inelutavelmente, ainda que viesse a prorrogá-lo por três sofridos anos. Mas, desde o primeiro momento, ela me fez sentir que preferia ignorar — seu reino era o da fantasia, da ficção, dali tirava a sua força —, se se rendesse à realidade, tornar-se-ia uma criatura frágil, sucumbiria em poucos meses. Eu teria que, com a cumplicidade dos médicos, evitar de todas as maneiras que qualquer atitude, qualquer indiscrição, derrubasse a muralha por trás da qual se encastelara com sua debilidade física e sua incomensurável vontade de viver. E, para que nada vazasse, era preciso que ninguém soubesse a verdade, além de mim e dos médicos. Nem mesmo nossos filhos deveriam suspeitar, pois poderiam trair-se e derrotá-la. Mais tarde, quando o fim se aproximava e tive que lhes revelar a realidade, eles se voltariam contra mim, no primeiro momento, julgando-se traídos ou rejeitados, sem entender a armadilha em que eu fora aprisionado pelo destino, sendo obrigado a representar uma farsa trágica durante três anos, aparentando tranquila confiança no futuro enquanto, interiormente, sentia-me morrer aos poucos.

Após a primeira cirurgia, ainda no quarto da casa de saúde, arranquei a fórceps um sorriso de dentro de mim e procurei tranquilizá-la.

— Eram pólipos, Jane, apenas pólipos. Foram extraídos, e você vai ficar boa.

— Você jura?

— Juro.

— Pelos nossos filhos? — Olhou no fundo de meus olhos e eu não hesitei em dar a resposta que, sabia, ela queria ouvir.

— Pelo que você quiser. Dr. Geraldo falou, são pólipos. Você vai ficar boa logo e nós vamos viajar, faremos nossa viagem ao México; ou você prefere Paris? Acho que sua recuperação vai coincidir com a primavera. Lembra? Foi na primavera que estivemos lá a última vez. Aquele hotel na Rue da la Tremoile...

Eu me esforçava para ser convincente, por representar bem meu papel.

— Se fosse uma doença incurável, você diria?

— Claro.

Seu olhar opaco percorreu todo o quarto, sem pressa, e parou no tubo de soro que pingava, pausado, gota a gota.

— Não sei — disse, num sussurro, num fio de voz —, não sei se gostaria de saber.

Eu estava certo, ela não queria saber e, ainda que soubesse, faria por ignorar. E da manutenção dessa mentira iria depender sua cura, que os médicos ainda não descartavam, e também as metástases que poderiam ou não atacá-la nos próximos anos.

— No começo da primavera ainda faz frio em Paris — ela já começava a sonhar com a viagem.

— Um friozinho bobo.

— Vou precisar comprar roupas.

— Pois compre roupas, faça um enxoval. Vamos ter uma segunda lua de mel.

— Vamos de avião ou de navio?

— Como você quiser.

— De navio. De navio é mais divertido, podemos dançar...

Dançar, rir, fazer planos para o futuro, sabendo que o futuro é uma tela em branco. Negar a morte é afirmar a vida. Por que temos que acreditar na morte? Por ser ela inevitável? E por que temos de acreditar na inevitabilidade das coisas inevitáveis? Sim, os médicos tornavam-se cada vez mais pessimistas e eu via, após surpreendente melhora no primeiro ano, seu corpo definhar, dia a dia, após a segunda cirurgia e a terceira... Mas por que ser cúmplice? Por que marcar meu rosto com as cores da verdade, entregando-me a ela? Claro, conviver com a morte, dormir com ela, acordar com ela, isso ia me corroendo por dentro, cavando uma enorme cratera que precisava ocultar, reabastecendo-me de vida, tirada não sei de onde, para continuar representando. De vez em quando, era preciso ir até as coxias, respirar fundo e voltar ao palco.

Passava pouco das seis da manhã quando fomos acordados por batidas na porta de nosso quarto. Ainda sonolento, escutei a voz de Carlinhos, um dos empregados:

— Sou eu, *sêo* Dias, pode abrir...

Quando abri a porta, encontrei dois revólveres apontando para a minha cabeça, um terceiro estava na nuca de Carlinhos. Os três assaltantes fizeram-me recuar e vi que estavam nervosos, olhos injetados, talvez drogados, pois as armas tremiam em suas mãos. Eu teria de evitar que se descontrolassem, isso poderia ser fatal.

— Calma, calma — pedi.

Janete ergueu-se do leito, assustada.

— Minha mulher está doente, por favor, vamos resolver isso com calma — pedi. E, por estranho que pareça, eu estava realmente calmo e não sentia medo. Temia apenas que Alfredo, meu filho mais moço, que dormia no andar de cima e que tinha temperamento impulsivo, surgisse de repente e provocasse uma tragédia. Minha sogra roncava no quarto ao lado. Tinha consciência de que dependia de mim o controle da situação.

— Onde tá o cofre? — perguntou um negro alto, que procurava esconder uma parte do rosto com um lenço amarrado ao queixo.

— Não temos cofre — afirmei, embora fosse mentira. — Somos escritores, artistas, e artistas não têm dinheiro, vocês assaltaram a casa errada.

— Então o senhor vai ter que ir com a gente até um banco, descontar um cheque.

Janete apavorou-se.

— Não, não. Nós não temos dinheiro em casa, mas temos joias. Estão todas ali naquela gaveta.

A gaveta estava trancada, ela começou a procurar a chave, debilitada pela doença não podia controlar os nervos, a ansiedade; os ladrões, ainda mais nervosos do que ela, acabaram optando por arrombar a gaveta. Lá estavam todas as suas joias, até mesmo joias de família deixadas por minha mãe. Feita a limpa, aparentemente satisfeitos com o resultado da operação, os três bandidos nos obrigaram a entrar no banheiro, mas antes de trancar a porta, o negro alto voltou-se para Janete:

— A senhora desculpe, viu? A gente somos seu fã.

Dr. Edson Lannes, sentado à minha frente, eu diante dele, no divã, sentado também. Ele me fora indicado por meu médico particular, Germano Gerhardt (viria a ser meu genro), que àquela altura também cuidava de Janete. Eu lhe pedira um psicanalista não ortodoxo, que fosse flexível a certas exigências minhas. Lannes era um homem de meia-idade e de aparência saudável, dono de bela cabeleira que começava a pratear e sorriso cativante — infundia confiança.

— Desculpe, mas nada de me deitar no divã e ficar sentado atrás, escutando. Comigo tem que ser cara a cara, olho no olho.

— Está certo — disse, rindo. — Como você quiser.

— Também nada de penumbra. Esse abajurzinho de luz mortiça... Jurei que nunca me deitaria num divã de analista e aqui estou. Na verdade, eu não preciso de Freud pra nada. Preciso é de alguém que me escute, que discuta comigo, role comigo essa ribanceira, num jogo leal, frente a frente. Não um ser impessoal, omisso e oculto. Pensa que vou ficar constrangido diante desse seu olhar antisséptico, seu sorriso falsamente paternal? Olha que eu vou te surpreender. E a mim também, acho. — Respirei fundo e refreei minha agressividade; ele, impassível. — De início, admito minha derrota: um marxista, um materialista histórico rendido a uma terapia individualista. Também não é uma rendição incondicional, já expus minhas condições. Caio de pé. Ou pelo menos sentado. Deitado, nunca. — Esperei que ele contestasse, dissesse alguma coisa; sua passividade, seu sorriso tolerante me irritavam e me obrigavam a baixar a guarda. — Eu preciso, doutor, preciso... Não está dando mais pra segurar... Estou com medo de fazer uma tolice, alguma coisa de que venha a me arrepender e não tenha conserto. Não quero magoar ninguém, nem minha mulher, nem meus filhos. Não suporto a ideia de ferir alguém, pois careço de ser amado por todos. Saber que um deles não me ama me deixaria arrasado.

— Por que essa carência afetiva?

— Por quê?... Não sei... Talvez... É, acho que vem da infância. "Esse menino não devia ter nascido"... Meu pai disse isso quando eu vim ao mundo. Acho que minha mãe não devia ter-me contado. Eu sou aquele que não era esperado, o antimessias. Estou com quase 60 anos, mais de meio século tentando provar desesperadamente, dia a dia, que merecia ter nascido, merecia, sim, merecia. Por isso preciso tirar nota 10 em tudo, tenho que ser aprovado com distinção e louvor, não me permito um 9. Não sei se é por aí que devo começar...

— É isso mesmo — disse Lannes, percebendo minha confusão mental e procurando infundir confiança, tranquilizar-me. — Estamos indo bem.

— Quem sou eu, afinal? Que merda estou fazendo neste mundo? Será que tenho de ir tão longe para me explicar e para justificar esse feitor que tenho dentro de mim me cobrando, me chicoteando a cada performance insatisfatória? Tenho que entrar em campo, jogar os 90 minutos, suar a camisa, me matar e vencer. Vencer sempre, de goleada. Ou ele me coloca no tronco e desce o chicote, sem piedade.

Tudo era o medo de não estar à altura daquele momento, quando meu caráter e minha estrutura psicológica estavam sendo postos à prova. Temia um deslize, temia fraquejar e disso não me perdoaria nunca. Nem meus filhos, de cujo amor não podia prescindir.

— "Por que eu, Dias, por que eu?", ela me perguntou um dia. Sim, por que ela, doutor? Uma criatura que nunca fez mal a ninguém, criativa, cheia de vida, de sucesso, de repente... Você consegue encontrar uma explicação racional, objetiva?

— Racional e objetiva, impossível. Uns chamam a isso destino, fatalidade.

— Uns passam a vida agredindo, transgredindo, violentando e morrem tranquilamente, de velhos. Outros vêm ao mundo para dar alegria, prazer, paz, amor... e são condenados a uma morte dolorosa. Por quê? Desculpe, não quero entrar numa discussão filosófica ou teológica. Mas tenho necessidade de falar sobre isso, preciso ir fundo, mergulhar nesse buraco negro.

— No fundo do buraco negro, provavelmente, você encontrará apenas essas e mais outras perguntas, todas sem resposta, nunca uma relação de causa e efeito.

— Então, que merda, pra que serve essa sua ciência? Não estamos fazendo um mergulho no fundo da alma, do inconsciente? Não estamos fuçando o inexplicável?

Lannes sorriu, e eu busquei ironia nesse sorriso, temendo estar descontroladamente dizendo tolices.

— Mas ainda estamos num plano em que vigora a relação de causa e efeito. Você quer ir mais longe, onde todos os dados fundamentais com que jogamos para poder raciocinar são subvertidos, vão pro espaço. Até lá não podemos chegar.

A radioterapia tinha que ser feita no Hospital do Câncer. Combinei com os médicos que não se falaria em cobalto. Quanto ao hospital, a desculpa era de que lá se tratavam também outras doenças. Mas uma das enfermeiras deixou escapar a palavra.

— Cobalto? — repetiu Janete à beira do pânico. — Você escutou? A enfermeira falou em cobalto.

— E você vai ligar pro que diz uma enfermeira imbecil? Meu bem, aquele aparelho é um acelerador linear, Germano não lhe disse? Só existe esse no Rio, por isso você tem que fazer as aplicações aqui neste hospital.

Às vezes eu me questionava, seria justo manter em cena aquela farsa absurda? Por que não lhe dizer toda a verdade, pelo menos para que pudesse planificar o que lhe restava de vida. Por que deixar que alimentasse sonhos, projetos que não iria poder realizar? Será que não se voltaria contra mim mais tarde, quando já fosse impossível negar a evidência? Não estaria eu apenas evitando que ela travasse sua grande batalha, sendo derrotada sem lutar? Não, não, mil vezes não. Ela estava, sim, travando essa batalha, só que a seu modo, eu a conhecia há mais de 30 anos, conhecia seus mecanismos de defesa. Mulher inteligente, bem informada, impossível que acreditasse em mim, por mais convincente que eu fosse. Mas queria acreditar, era fundamental para ela acreditar. Sempre sobrepusera a fantasia à realidade. Por isso, por um processo inconsciente, negava, bloqueava a evidência, não permitia que a ideia da morte anunciada invadisse seu território. E assim poderia viver vários anos. Se decidisse acordá-la para a realidade — estava convencido disso e estou até hoje —, eu a perderia em pouco tempo.

— Idiota — disse, depois que a ajudei a acomodar-se no carro. — A outra também me olhou de um modo... Detesto que me olhem com esse ar de piedade. Acho que não vou voltar mais aqui.

— Jane, são poucos dias, poucas aplicações. Tenha paciência. Dr. Geraldo disse que na terceira você já vai sentir uma melhora imediata.

— É, hoje eu estou me sentindo melhor.

— Está vendo? Com duas aplicações apenas.

Deixou a cabeça cair para trás, no encosto do carro, cerrou os olhos. Perdia peso a cada dia, e sua pele tornava-se transparente, o sangue fugindo das veias.

— Você falou com os meninos que eu vinha aqui? — perguntou, sem abrir os olhos.

— Não. Pra quê? Você não pediu pra não falar?

— É melhor. Não fale pra ninguém. Daqui a pouco se espalha, sai nas revistas, já vão imaginar que estou liquidada.

— Não se preocupe, não vai sair nada.

Seus olhos se abriram e procuraram os meus; o tráfego intenso, eu tinha que me concentrar no volante.

— Mas já saiu. E você escondeu de mim.

— Eu escondi?

— Achei a página rasgada em pedacinhos na cesta de papéis.

Desconcertado, apanhado na mentira, procurei minimizar.

— Uma notinha boba. Dizia só que você estava doente.

— Internada, em estado grave — frisou, sublinhando as palavras.

— Isso foi quando você se operou. Agora todo mundo sabe que você está bem, trabalhando.

— Por falar em trabalho, me lembre quando chegarmos em casa, quero ligar para o Boni, tenho uma ideia para uma novela. — Ela subitamente se animou, o corpo debilitado mexeu-se no banco, tive a impressão de que um pouco de cor voltava a seu rosto desbotado pela doença. — Queria também conversar com você sobre isso.

— Claro, quando chegarmos em casa.

Voltar a escrever, igual a voltar à vida. Fugir para o seu mundo de fantasia, uma maneira de escapar ao destino. Entre uma cirurgia e outra, entre um tratamento e outro, sempre que conseguia reunir forças suficientes, sentava-se à máquina e mergulhava em seu universo. Faria isso até ser internada pela última vez, quando mantinha no ar uma novela, *Eu prometo,* com a ajuda de uma jovem escritora em início de carreira, Glória Perez.

COMO EU TEMIA, quando reuni meus filhos para colocá-los a par do verdadeiro estado de saúde de Janete — os médicos não me davam mais a menor esperança, era uma questão de tempo —, além do choque, eles se sentiram traídos. Denise foi a mais veemente:

— Você devia ter-nos dito.

Alfredo apenas chorava. Guilherme, sempre introspectivo, recolhia seus sentimentos, não pronunciava uma palavra. Mas Denise não se conformava, por mais que eu explicasse as razões que me haviam levado a ocultar-lhes a verdade.

— Eu tinha o direito de saber. Meus irmãos também.

— Vocês não iriam conseguir dissimular. Iriam trair-se. Eu quis poupá-los, também, porque até hoje eu ainda mantinha esperanças.

— Você devia ter dividido conosco. Você foi egoísta, pai.

— Egoísta? Por não ter dividido meu sofrimento?

— Você quis a dor só para si e nos isolou, a mim e a meus irmãos. Não tinha o direito de fazer isso. E agora que vou fazer com esse meu sentimento de culpa?

— Que culpa, filha?

— Culpa de não ter dado mais carinho a ela nestes últimos meses.

Essa incompreensão sobre minha atitude doeu-me muito. Mesmo assim, pedi-lhes que fingissem de nada saber — era o desejo de sua mãe, que continuava trabalhando e fazendo projetos para o futuro, ignorando a morte, ainda que seu estado físico prenunciasse o fim.

— Este lugar é muito triste — disse-me ela certa noite, chegando à varanda de nosso quarto, debruçada no soturno silêncio da lagoa. — Queria morar num lugar mais alegre, mais movimentado.

Poucos dias depois nos mudávamos para um amplo apartamento na Avenida Delfim Moreira, de frente para o mar.

— Espero que você se sinta feliz aqui.

— Só poder acordar, chegar na janela e ver o mar — disse ela, apoiando-se no meu ombro e respirando fundo. — É melhor que todos os remédios do mundo. Acho que isso vai mandar pro inferno todas as minhas depressões, ninguém pode se sentir deprimido diante do mar, você não acha?

Sorria, o rosto iluminado, os cabelos negros encharcados de sol, feliz como uma criança. E, como sempre acontecia quando tomava uma injeção de ânimo, voltou a sonhar com uma viagem ao exterior, logo que terminasse a novela, e a pensar nos vestidos que precisaria comprar. Deixei que telefonasse a uma casa de modas e pedisse vários modelos para escolher, alimentei seu sonho.

— Sabe o que é? Eu olhei para o mar e vi que a decisão de morrer ou viver está dentro de mim. Se eu decidir viver, nem os médicos vão acabar comigo.

— Você está sorrindo — disse, emocionado. — Há quanto tempo não te vejo sorrir.

— Acho que é o milagre do mar.

Entrou em coma duas semanas depois, já na casa de saúde. Mas, contrariando as previsões médicas e para nosso espanto, saiu do coma após alguns dias. Eu estava a seu lado. Segurou minha mão e vi em seus olhos uma determinação que fez correr pelo meu corpo uma emoção muito difícil de controlar.

— Eu não vou morrer — disse com convicção. — Você escutou? Eu não vou morrer — repetiu, marcando bem as palavras.

Era tanta a sua certeza, sua voz, seus olhos passavam tanta verdade, que aquilo soava como uma decisão não dela, mas de forças superiores. Saí dali convencido. Uma pessoa com tanta vontade de viver não morreria nunca. Naquela mesma tarde, fui a Globo e disse ao Boni que, ciente de seu estado, esperava o desenlace para qualquer momento.

— Você pode ficar tranquilo, Janete não vai morrer. Ela acabou de me dizer que não vai morrer e eu acredito.

Por sua própria determinação e força de vontade, viveu ainda mais alguns dias. Os soníferos lhe permitiam raros momentos de lucidez. Num deles, despertando e vendo-me sentado ao lado do leito, pareceu retornar de muito longe e algo surpresa.

— Você ainda está aí? — perguntou num fio de voz.

— Estou. Por quê?

Creio que, em seu entendimento, eu jamais me afastara um segundo de seu lado, durante toda a doença (não era verdade, eu me revezava com meus filhos), daí seu espanto e seu equívoco. E respondeu-me com outro equívoco.

— Você é o melhor homem do mundo.

Cerrou os olhos. Nunca mais eu os veria abertos, nunca mais encontraria neles qualquer expressão de carinho, amor, alegria, decepção ou ternura. Era o fim.

Minha memória entra novamente em pane. O que aconteceu imediatamente a seguir, naquela tarde quente de novembro, foi esgarçado em imagens soltas, tumultuado num torvelinho — vejo-me no saguão do Teatro Municipal, vagando de abraço em abraço, de odor em odor, beijos no rosto, frases formais de condolência, o caixão diante da imponente escadaria de mármore como se estivesse para escalá-la, o povo em filas gigantescas dando volta ao quarteirão, eu fugindo para um camarim a fim de me livrar do assédio e ficar a sós comigo mesmo, Brizola mandando pedir para voltar ao saguão e posar com ele para a televisão, eu me recusando terminantemente, ele indo ao meu encontro com Darcy para me abraçar, tudo gira hoje na minha cabeça numa tortura audiovisual sadomasoquista, prolongando o sofrimento até os limites do insuportável. Depois, o silêncio imemorial seguido de um estrondo, como o bater de uma porta.

QUARTA PARTE

23

A sensação era de morte temporária; por alguns dias me vi como que me contemplando do espaço, um ser insignificante, confuso, perdido num planeta labiríntico. Era estranho, sentia-me anestesiado até mesmo em minha capacidade de criar, o espaço dentro de mim era muito maior do que aquele em que eu me movimentava, que me parecia também ilimitado, inocupável. Precisava, ao menos, recuperar a noção de meus limites, que havia perdido totalmente.

Boni pediu-me para continuar a novela que Janete havia deixado inacabada; eu não tinha condições, sugeri que Glória Perez se encarregasse disso, já vinha ajudando Janete, eu ficaria como supervisor. Voltei a Edson Lannes e me entreguei a ele sem restrições — estava me afogando, precisava de um salva-vidas para chegar à praia.

Já era dezembro e o sol entrava aos jorros pelos janelões do apartamento. Era como a vida acenando para mim, tentando acordar-me de meu torpor. Verguei-me para amarrar os cordões do sapato e, de súbito, uma punhalada na coluna, caí de bruços, rolei no chão. Tentei levantar-me, impossível. Estava só no apartamento, não tinha a quem pedir socorro. Rastejei como um réptil em busca de um apoio qualquer para poder erguer-me; era cômico, ridículo, e comecei a rir de mim mesmo.

Um ortopedista, chamado às pressas, imobilizou-me na cama durante 15 dias. Seguiram-se dois meses de fisioterapia, acupuntura, todo tipo de terapia e o punhal continuava cravado em minhas costas; não conseguia manter-me de pé por mais de um minuto. Se saía, era obrigado a parar depois de um quarteirão e sentar-me no meio-fio, derrubado pela dor. A opinião dos três maiores neurocirurgiões do Rio de Janeiro coincidia: eu teria que me submeter a uma cirurgia na coluna, uma operação delicada que oferecia riscos; eu poderia ficar paralítico. Telefonei para Oscar Niemeyer, amigo e companheiro, pedi que falasse com seu irmão, Paulo Niemeyer, a maior autoridade nessa especialidade — eu havia decidido não aceitar qualquer outro cirurgião.

Era carnaval. Escolhi aquele momento porque a imprensa estaria ocupada com os desfiles de escola de samba, o país parava, uns para se entregarem à folia, outros para fugirem a ela; ninguém se ocuparia de mim. Internado num dos centenários pavilhões da Casa de Saúde Dr. Eiras, eu estava psicologicamente preparado para qualquer desfecho. Via preocupação no rosto de meus filhos e voltava a representar para tranquilizá-los. Aparentando exagerada despreocupação, fui para a sala de cirurgia cantando *La Donna è mobile,* para espanto de Denise, que me fazia companhia — vinha de três anos de histrionismo.

Na volta da anestesia, no primeiro momento, pensei que estava morto e liberto de meu corpo, por isso, as dores haviam desaparecido e eu flutuava gostosamente, em estado gasoso, devolvido à insensibilidade pré-natal — uma sensação tão prazerosa quanto a que se segue ao pleno orgasmo. Precisei de alguns segundos para acreditar que as imagens de Germano e Denise, ambos sorrindo a minha frente, eram reais, como as sondas ligadas a meu corpo. Tive vontade de rir. A dor, como por um milagre, já fazia parte do passado.

Vargas, que estreara em outubro do ano anterior, ainda estava em cena no Teatro João Caetano, Brizola ainda tentando tirá-la de cartaz e não conseguindo devido ao sucesso do espetáculo. Nesse ano, Gullar e eu receberíamos por esse texto o *Prêmio Molière,* a despeito da feroz oposição de D. Bárbara Heliodora — ao ver que nós tínhamos a quase totalidade do júri a nosso favor, propôs que não se concedesse o prêmio de melhor autor naquele ano, proposta rejeitada; imagino o quanto deve ter sofrido.

Livre das dores na coluna, mas ainda no limbo — havia encerrado um ciclo de minha vida e hibernava enquanto outro ciclo não se iniciava. A confusão estabelecida continuava, e eu, sem rumo, voltava à vida boêmia, procurando encurtar a noite, quando a sensação de perda era insuportável. A ideia de um novo casamento parecia-me totalmente descartada. Fora feliz no anterior, seria abusar da sorte pretender acertar novamente. E não me considerava em idade de enfrentar uma união desastrosa, ainda que me sentisse psicologicamente jovem. Via uma nova mulher como uma fonte de novos problemas, um elemento perturbador para minha mente tão conturbada naquele momento, embora, por meu temperamento, não pudesse admitir a misoginia mesmo que temporária. Até porque minha condição de viúvo e a vulnerabilidade dela decorrente exerciam estranho fascínio sobre as mulheres, principalmente em faixas etárias bem inferiores a minha. Isso me envaidecia e me assustava ao mesmo tempo. Durante meu longo casamento com Janete, jamais observara esse fenômeno.

Além de minhas sessões de análise, *O bem-amado,* agora uma série semanal, era minha terapia. O trabalho com Paulo Gracindo, Lima Duarte, Emiliano Queiroz, Carlos Eduardo Dolabela e todo o maravilhoso elenco, além de Régis Cardoso e Oswaldo Loureiro, que dirigiam os episódios, e José Dias, o cenógrafo, e meu filho Alfredo, que compunha a trilha sonora, era tão gratificante quanto a montagem de uma peça teatral. No ar desde 1980, nesse ano de 1983, a Globo ameaçou estranhamente retirar o programa do ar e um abaixo-assinado de intelectuais encabeçado por Carlos Drummond de Andrade (que, dizia-se, nunca assinara um manifesto) obrigara a direção a voltar atrás. O programa conquistara enorme prestígio, principalmente por ser uma sátira política e por introduzir um ruído dissonante na mesmice televisiva, que incomodava o regime militar, já em seus estertores.

Mas isso era apenas uma parte de minha vida, o lado profissional; nos demais flutuava a insatisfação sem causa. Intimamente, eu tinha certeza de que conseguiria emergir daquele buraco negro, onde toda luz era canibalmente devorada.

NUNCA ME DISPUS a responder a cartas de espectadores. Em parte por dispor sempre de pouco tempo para isso, em parte por nunca ter assumido que essa era uma obrigação decorrente da fama que havia conquistado. E também por preguiça. Até hoje não encontro explicação para o fato de ter redigido uma resposta àquela missiva tão simplória, tão igual a tantas outras, de uma jovem catarinense que me pedia um conselho sobre seu projeto de vir para o Rio tentar a carreira de atriz. O inexplicável sempre esteve presente nos momentos decisivos de minha vida. Tentar explicar o inexplicável é tirar-lhe todo o encanto. A carta, envelopada, estava há várias semanas sobre minha mesa à espera de que a despachasse, quando recebi um telefonema:

— Aqui é aquela moça de Florianópolis que te escreveu...

Olhei para o envelope ainda sobre a mesa e, pensando apenas em corrigir minha desatenção, dispus-me a recebê-la. Em minha resposta, eu procurava dissuadi-la, quase lhe dizia que não viesse, alertando-a para a selva, a alcateia onde iria meter-se. Se eu a tivesse enviado, talvez ela não tivesse vindo — essa dúvida persistirá para sempre — e foi com leve sentimento de culpa que abri a porta do apartamento e a convidei a entrar. — Bernadeth era quase uma garota, ia completar 22 anos. Além de sua beleza plácida, sua idade, sua timidez provinciana, seu desamparo e sua inocência ante um mundo perverso que iria enfrentar de peito aberto, sem armas e sem malícia — e que certamente a sacrificaria sem piedade — tudo isso me preocupava mais do que atraía. Impressionou-me sua determinação, decidira lançar-se àquela aventura enfrentando toda sorte de obstáculos, sem dinheiro, conseguira uma passagem gratuita num avião da FAB, estava hospedada de favor em casa de uma família desconhecida na Ilha do Governador. (Mais tarde, já casados, disse-me que uma cartomante previra que seu futuro estava aqui.) "Quem me impedira de lhe mandar aquela carta? Por quê?" Os longos cabelos cor de mel caindo sobre o rosto como um véu, sentada a minha frente, com uma taça de vinho que acabara de lhe oferecer, tremia de emoção, por mais que eu procurasse acalmá-la. Fiz com que lesse minha resposta a sua carta, depois — acreditava que levado apenas pelo sentimento de culpa — convidei-a a jantar no Lamas e levei-a em casa. Ao voltar, trazia comigo a sensação — era mais um pressentimento, não tinha nenhum apoio na lógica — de que a roleta fora acionada, o jogo estava feito, não havia como retirar a aposta. Em nosso segundo encontro, num bar da Lagoa, tive a certeza: todos os acasos do mundo haviam conspirado a nosso favor, matreiramente. Como alguém que se sente ansiosamente esperada — e eu, inconscientemente, a esperava — Bernadeth entrou em minha vida sem pedir licença e acomodou-se. Para sorte minha.

24

A Casa de Criação era um projeto que eu vinha ruminando há tempos. Expus a ideia ao Boni, que a apoiou com entusiasmo. Daniel Filho, que assumia naquele momento a direção da Central Globo de Produção, reforçou esse apoio. Eu partia da constatação de que estávamos à beira de uma grande crise de criatividade que iria atingir não somente a televisão, como todas as artes. A crise era universal, abrangendo principalmente o teatro, as artes plásticas, o cinema e o romance, embora no Brasil se devesse, entre outras causas, aos 20 anos de ditadura militar. Eu não antevia isso, mas seria uma característica deste fim de século. A Casa seria um centro de profilaxia, buscando não apenas estudar as causas do problema, como solucioná-lo por meio do estímulo à revitalização da criatividade, propondo novos formatos e novas temáticas para a produção teledramatúrgica, abrindo espaço para a revelação de novos autores e estimulando os antigos a romperem com fórmulas estabelecidas. A telenovela, por exemplo, após a inquietação saudável dos anos 1970, quando se buscou para ela uma linguagem própria e procurou-se diversificar seu universo temático, havia caído em confortável e letal repetição de receitas que haviam dado certo, mas que começavam a cansar. Era uma proposta ambiciosa, cujos resultados só poderiam vir a médio prazo; pedi, por isso, uma moratória de dois a três anos, durante os quais nada me deveria ser cobrado, e isso foi aceito. Convidei Ferreira Gullar, Antônio Mercado e Doc Comparato para se juntarem a mim na empreitada. A Globo alugou uma bela e bucólica casa no Jardim Botânico, e lá nos instalamos com uma eficiente equipe de leitores e analistas de textos e a espécie de governança inteligente de Marília Garcia, depois de nos autobatizar de Casa de Criação Janete Clair. Estranhamente, 15 dias após iniciarmos nosso trabalho, começaram as cobranças, ciumeiras internas e dissimuladas acusações a mim de querer ditar a política cultural da emissora (eu, um perigoso comunista) e uma campanha insidiosa surgia na imprensa, capitaneada pelo jornalista Ferreira Neto, pintando-nos como nababos que recebiam salários altíssimos para passar os dias numa rica mansão discutindo o sexo dos anjos e divagando na busca da pedra filosofal. O aludido cronista (extemporânea vocação de dedo-duro) chegou a alertar o Dr. Roberto Marinho para o dinheiro que lhe estávamos roubando. Essa campanha — cuja origem até hoje desconheço — após dois anos surtiu efeito e a casa foi fechada.

Hoje, mais até do que na época, estou convencido de que foi cometido um grande erro. Em seus dois anos de vida, a Casa de Criação Janete Clair provou ser um projeto viável, abortado, infelizmente, quase no nascedouro. Tornou-se assim mesmo um centro receptor de ideias e formador de autores de televisão (até mesmo com repercussão internacional, já que fui convidado a implantá-lo em outros países) aplaudido pelos que conseguiram enxergar seu pioneirismo e sua generosidade. Talvez tenha sido isso que nos derrotou — era um projeto generoso demais, inteligente demais para ser aceito. De qualquer modo, pela convivência fraterna de várias cabeças pensantes empenhadas no bom combate, foi, para mim, uma bela experiência de trabalho e de vida.

Amor em campo minado (que antes se chamara *Vamos soltar os demônios*) estreou no Recife, com direção de Aderbal Junior. O espetáculo percorreu várias capitais e estive presente a todas as premières. Em São Paulo, tive a meu lado um brilhante sociólogo de esquerda, candidato a governador, que interrompeu sua campanha para nos prestigiar (ou para enfatizar junto ao eleitorado seu apreço pelas artes). Não seria eleito governador, mas chegaria mais tarde à presidência da República. Dispensei-o após o primeiro ato, entendendo que, em plena campanha eleitoral, tinha mais o que fazer — na verdade, eu me dispensava do constrangimento de sua presença, já que não gostava do espetáculo. Aderbal não fora feliz na direção, sua encenação apenas acentuava os inúmeros defeitos de minha peça. Dessa vez, a esquerda ortodoxa não se mostrou chocada com meu texto, talvez por já se terem passado 15 anos e o tempo ter agido beneficamente sobre as mentes obliteradas de antigamente. Meu dileto e saudoso amigo Ênio Silveira, assim como o não menos querido poeta Moacyr Félix, após o espetáculo do Teatro Dulcina, no Rio, parecia preocupado (e entusiasmado) apenas com a insolente nudez de Ítala Nandi.

Edson Lannes espantou-se quando lhe falei de Bernadeth e em seguida lhe comuniquei que era aquela a nossa última sessão de análise. Em nosso entendimento inicial ficara estabelecido que eu interromperia a terapia logo que me sentisse em condições de fazê-lo — não queria tornar-me dependente da psicanálise; minha birra com o Dr. Freud, no fundo, continuava. Sua surpresa foi logo seguida de um sorriso de compreensão. Eu encontrara alguém que o tornava desnecessário e que seria mais eficiente do que todas as terapias do mundo. Ele, com o fair play de bom desportista, aceitava a derrota. Não que não me tivessem sido benéficos os meses que passara sentado em seu divã, prospectando minhas entranhas; e eu lhe agradecia de coração. Só que algo mudara em mim; embora ainda um tanto confuso, recuperara a paz e o gosto de viver. Com Bernadeth iniciava-se um novo ciclo em minha vida, como se eu me transmudasse em outro homem, com novos desafios, um deles, a relação iniciada. Aparentemente, soava impossível dar certo — como apostavam alguns — nossa diferença de idade e de cultura, o maior obstáculo. A primeira barreira logo se revelou inexistente, talvez por eu me julgar intimamente jovem e ter sido obrigado a rejuvenescer ainda mais na convivência. A segunda, nosso choque cultural era a mais complexa e a mais instigante. Seu baixo nível de informação fazia com que me sentisse um novo Pigmalião, desafiado a talhar o mármore bruto, moldá-lo de acordo com meus próprios conceitos estéticos e injetar-lhe vida. Foi tarefa gratificante vê-la transformar-se, crescer como ser humano, aproximando-a cada vez mais de mim e da mulher que eu idealizara. Teria, entretanto, falhado, não tivesse ela demonstrado determinação e extraordinária coragem para enfrentar preconceituosas rejeições. Até mesmo de meus próprios filhos, de início, que me magoaram ao extremo, já que nunca pude conviver com qualquer censura da parte deles.

Hoje, com 13 anos de casados e duas filhas, Mayra e Luana, congratulo-me com Pigmalião por seu trabalho.

Apesar do sucesso alcançado pela adaptação cinematográfica de *O pagador de promessas*, sempre ofereci certa resistência toda vez que fui solicitado a escrever roteiros para cinema. São várias as razões, entre as quais o ciúme doentio que sempre tive de meus trabalhos — entregá-los nas mãos de um diretor para serem manipulados, violentados e, muitas vezes, totalmente desfigurados sempre me pareceu um ato de inaceitável renúncia à paternidade. Incomoda-me sobretudo a usurpação de autoria, como já se tornou praxe, assinando o diretor o filme, como criador, em total desprezo pela matéria-prima, o argumento, sem o qual o filme não existiria. Por isso escrevi apenas meia dúzia de roteiros (quase todos adaptados de peças minhas) e apenas três deles foram filmados. Acostumado a envolver-me de corpo e alma na produção de minhas peças, choca-me saber que o filme está sendo realizado sem minha presença, já que o diretor, uma vez de posse do roteiro final, só nos convida para assistir ao copião definitivo. Tal como aconteceu com *O rei de Ramos*, rebatizado de *O rei do Rio*, com direção de Fábio Barreto. Tantas foram as alterações feitas, que não consegui reconhecer minha peça em nenhuma das cenas, em nenhuma das falas, nem mesmo no título. Nada restara. Solicitei que meu nome não aparecesse como autor do argumento e que, por uma questão de honestidade, nos créditos constasse apenas "vagamente inspirado em Dias Gomes". O irônico "vagamente" foi suprimido.

TENDO AJUDADO A enterrar a Censura federal, sabia que sobreviviam muitos outros tipos de censura, principalmente a econômica. Não imaginava, porém, que ela pudesse ser tão violenta quanto a primeira ou mais, quando seus interesses são afetados. A adaptação para tevê de *O pagador*, em forma de minissérie, teve seus 12 capítulos reduzidos para oito em consequência da furiosa reação dos latifundiários, capitaneados por Ronaldo Cayado, da União Democrática Ruralista e pelo banqueiro Amador Bueno, do Bradesco, que ameaçaram de drásticas sanções econômicas as empresas Globo.

Desafiado a contar em cerca de 10 horas uma história que havia contado no palco em 80 minutos, optei por remontar-me ao passado de Zé do Burro, suas origens, o ambiente sociocultural explicativo da promessa que fizera. Para tal, viajei a Monte Santo, região do interior do Estado da Bahia, vizinha a Canudos, terra encharcada de sangue dos visionários de Antônio Conselheiro. De lá devia ter vindo Zé do Burro, com sua cruz e sua fé inabalável. Na pesquisa que fiz colhi precioso material, de que ressaltavam os conflitos pela posse da terra, que iria aproveitar na adaptação, problema que iria agravar-se e estender-se por todo o país na década de 1990. Tudo tinha a ver com o perfil psicológico de minha personagem e a explicava, além de tornar o texto mais atual.

A ação da peça, que ia do amanhecer ao entardecer de um mesmo dia, era agora estendida no tempo, trocando a síntese teatral pela análise épica. Eu voltaria ainda a Monte Santo com a diretora Tizuka Iamazaki, sua equipe e parte do elenco, para assistir às primeiras gravações e me certificar do acerto de minha pesquisa. Tizuka, até então voltada apenas para o cinema, realizou um belo trabalho e José Mayer era um convincente Zé do Burro, fruto do estudo meticuloso da personagem e do meio em que vivia. Mayer fizera uma pesquisa por conta própria, mudando-se para Monte Santo muito antes do início das gravações, familiarizando-se com a fala e o *modus vivendi* dos moradores locais. O mesmo fizera Osmar Prado, encarregado da interpretação de um pároco local (inspirei-me no próprio), adepto radical da teoria da libertação, pregando a justiça social e por isso ameaçado de morte pelos donos da terra. Eu acreditava que havia levado *O pagador* para a televisão com uma carga de atualidade sem desfigurar a peça, ao contrário, tornando-a mais clara para o grande público. Não imaginava que iria provocar explosiva reação — tocava prematuramente num tema-tabu, a reforma agrária, que oito ou nove anos depois viria a ter o apoio de toda a sociedade. Logo após a exibição do segundo capítulo, os latifundiários, indignados, apontaram todos os seus canhões contra a Globo e exigiram que a minissérie fosse retirada do ar. Não conseguiram, mas a pressão deu resultado: quatro capítulos foram suprimidos, do terceiro ao sexto, aqueles em que o problema da terra era tratado. Os cortes foram feitos a minha revelia e sob meu veemente e público protesto, o que fez com que o *Jornal do Brasil* prognosticasse minha demissão da Globo. E, como isso não se verificou, concluíram alguns que a emissora me mantinha em seus quadros, apesar de incômodo, por temer que, indo para um canal concorrente, eu fosse incomodar muito mais. Em curioso editorial, o jornal *O Globo* explicava que os cortes haviam sido feitos para defender a integridade da obra, violentada na adaptação, esquecendo-se de que autor e violentador eram a mesma pessoa...

Apesar de mutilada, a minissérie foi laureada no Festival de Tevê de Cannes de 1988 com o FIPE de Prata. Era a segunda vez que *O pagador* vencia em Cannes.

APESAR DE JÁ DECIDIDO a restringir meu trabalho na televisão às minisséries, aceitei escrever a sinopse e os primeiros 25 capítulos de uma nova telenovela, *Mandala,* nome que dei a uma adaptação do mito de Édipo (os capítulos restantes seriam escritos por Marcílio Moraes, que já colaborara comigo em *Roque Santeiro* e viria a colaborar mais tarde em outras minisséries). A Censura federal estava em seus estertores, mas, mesmo agonizante, fazia questão de brindar o país com mais um espetáculo de suprema burrice: ameaçou proibir a novela sob a alegação de que girava em torno de um incesto. Alertada para o ridículo de vetar uma lenda grega que inspirou uma das mais belas tragédias de Sófocles, recuou, limitando-se a proibir apenas que Édipo beijasse Jocasta na boca. Reduziu os efeitos de sua estupidez, mas não reduziu o ridículo. Indignado, pedi uma audiência ao ministro da Justiça, Fernando Lyra e peguei um avião para Brasília. Não sem antes dar algumas entrevistas, encarregando a imprensa de alardear o fato. Quando entrei no gabinete do ministro, a primeira coisa que me disse foi: "Esses censores são uns idiotas. Já mandei liberar a novela sem qualquer restrição. Édipo e Jocasta podem se beijar à vontade". (Disso resultou que os intérpretes, Felipe Camargo e Vera Fischer, não só se beijaram à vontade, mas até se apaixonaram perdidamente na vida real.)

Quando terminei de escrever *Meu reino por um cavalo,* em 1988, percebi que me havia até certo ponto desnudado em público, ao tentar expor minhas perplexidades sobre aquele momento histórico e questionar meu ofício de escritor. Referindo-se ao protagonista, Antônio Mercado, diretor da peça em sua primeira encenação — um dos mais brilhantes homens de teatro deste país, a quem devo inteligente estudo sobre minha dramaturgia — escreveu: "Enquanto se dilacera febrilmente, enredado nas malhas de um questionamento incessante, compulsivo, Otávio Santarrita vê o mundo à sua volta disparar num galope desenfreado, levando de roldão todas as certezas, bandeiras e parâmetros que demarcavam o sentido da vida e os rumos da história." A identificação de Santarrita, escritor teatral, com o autor da peça era inevitável. Apesar de muitas dessemelhanças, essa ilação tinha sua razão de ser: eu colocara em meu protagonista minha angústia na busca da forma de retratar um mundo em alucinante transformação, na tentativa desesperada de adequar o teatro ao mundo para dar-lhe a dimensão de nosso tempo, como já tentara em *Campeões do mundo*. Para isso, precisava "renunciar às fórmulas consagradas, questionar os arquétipos teatrais de todos os tempos, subverter as regras e receitas de construção dramática". Tomado de tremenda confusão mental, Otávio Santarrita quer escrever uma peça, escreve quatro ao mesmo tempo, e sua cabeça se transforma num verdadeiro caos, quando decide, concomitantemente, pensar o mundo e o teatro. Mas o teatro tem sentido? O mundo tem sentido? Baleado pela confusão ideológica deste fim de século, ele diz "antigamente, a gente tinha parâmetros, os caminhos eram sinalizados, você podia escolher, sabia onde iam dar... ou pensava que sabia... Acho que no mundo não há mais espaço para a razão". A peça estreou no Rio com Paulo Goulart, Nicete Bruno, Ângela Leal, Benjamim Cattan e não foi entendida pelos críticos dos grandes jornais, muito pouca gente mesmo a entendeu. O espetáculo foi remontado em São Paulo, excursionou a Salvador, e o equívoco continuou. Sim, um grande equívoco, sustento com absoluta convicção. Tive outros fracassos em minha carreira, todos justificáveis — esse totalmente injusto. A fúria niilista com que alguns críticos o atacaram faz-me pensar. E me traz à memória o desabafo de Tchecov: "Se eu tivesse dado ouvido aos críticos, tinha morrido bêbedo na sarjeta."

A DERROCADA DO socialismo na União Soviética e nos países do leste europeu — inimaginável pelo mais reacionário futurólogo 10 anos antes — certamente me teria arrasado se eu já não tivesse deixado o Partido há tempos. Poderia, entretanto, imaginar seu efeito devastador sobre aqueles que ainda militavam e que o faziam desde a juventude (e foi no Partido que conheci as pessoas mais íntegras, generosas e desprendidas de toda a minha vida) abdicando de quase tudo, estabilidade familiar, ascensão social, prazeres burgueses, gostosas compensações da sociedade capitalista, por vezes sacrificando a própria liberdade e arriscando a vida, tudo pelo sonho de uma sociedade igualitária e justa. E, de repente, esse sonho se esvai, escorre como areia por entre os dedos da história, a realidade mostrando seu rosto sujo, num trágico despertar. Sim, não eram as ideias que estavam sendo derrotadas, essas iriam sobreviver, enquanto sobrevivesse a humanidade, pois eram inerentes ao que de mais generoso existe no ser humano. Era apenas o fracasso de uma experiência — e outras virão, o sonho não morreu nem morrerá nunca — cujas causas estavam na traição aos princípios básicos do socialismo. Mas era impossível raciocinar com essa clareza no primeiro momento, no fragor da derrubada dos monumentos a Lênin e a Marx. Colocando-me dentro da cabeça daquele velho militante, senti que ela ameaçava explodir, acuada contra o muro da loucura.

Era assunto para uma peça. Tentei escrevê-la, não consegui, o tema clamava por uma estrutura de romance, gênero que eu abandonara, após algumas experiências frustradas, na juventude. Mas era impossível conviver com aquela necessidade interior de dar forma a uma ideia que me atormentava *Derrocada* — que mereceu capa assinada por esse genial artista-símbolo da integridade e da coerência, plantador de cidades, semeador de utopias, Oscar Niemeyer — foi um romance escrito compulsivamente; não me sentiria em paz com minha consciência e com minha responsabilidade histórica como escritor sem o ter escrito.

25

A crise de criatividade em nossa dramaturgia — que se seguiu à perplexidade dos anos 1980, após a abolição da Censura federal — acentuou-se na década de 1990. A ditadura militar havia conseguido, na década de 1970, "despolitizar", impondo um modelo que lhe convinha, um teatro que nada questionava, nem mesmo sua razão de ser, direcionado para problemas intimistas, os autores voltados para seu próprio umbigo. Assim, o chamado "teatro político" ou o "teatro social" passaram a ser coisas do passado, o que até certo ponto seria admissível se essa visão não tivesse perdurado mesmo após a redemocratização. Nos anos 1990, observava-se que a ditadura conseguira até mesmo gerar, entre produtores e diretores, forte preconceito contra qualquer reflexão sobre nossa realidade. Pensar, refletir, questionar, debater passavam a ser verbos inconjugáveis, o teatro abria mão de seu poder de denúncia e conscientização por considerá-lo "fora de moda". E, como deixava de pensar, abdicava também de qualquer perspectiva de solução para a crise de criatividade que o atingia.

Parte de uma crise universal que alcançava todas as demais artes, entre nós, tinha a companhia de outras crises nos campos da economia, da política, da moral e da ética. Uma visão geral, que não pode ser acusada de pessimista, mostrava-me um período de decadência, como característica deste fim de século em que, paradoxalmente, a ciência exibia pujante vitalidade, notadamente a biologia e a eletrônica. Vivíamos um instante perigoso em que, pela ausência de um grande movimento inovador, o terreno ficava livre para a proliferação de charlatães e falsas vanguardas (na verdade, retaguardas) — as artes plásticas e o teatro, suas maiores vítimas. O império absolutista dos diretores (alguns de inegável talento) oprimia e humilhava a dramaturgia, impondo-lhe papel secundário no espetáculo, escravizando-a aos caprichos cênicos do soberano *metteur-en-scène*. Privilegiava-se o efêmero em detrimento do permanente, o que de modo algum contribuía para solucionar a crise. A par disso, o sistema de produção teatral alterava-se substancialmente, desaparecia o empresário para dar lugar ao patrocinador. Com isso, estabelecia-se preocupante dirigismo emanado das grandes empresas, principalmente as multinacionais, as que dispunham de verbas para investir. E a "filosofia da empresa" era o parâmetro na escolha dos textos a serem patrocinados. Para quem não estava disposto a passar por essas humilhações, ficava muito difícil fazer teatro.

Engatinhando nas areias movediças da democracia, o país não estava vacinado contra nenhuma dessas crises, principalmente a moral e a ética, e sofria previsíveis convulsões. A desesperança nos homens que conduziam a nação arrastava o povo para o misticismo, em busca de soluções milagrosas para seus problemas materiais, terreno propício ao surgimento de falsos messias prometendo o Paraíso não para depois da morte, como os católicos, mas para os dias imediatos. Tentei retratar esse momento numa minissérie, *Decadência,* que gerou muita polêmica. E, embora minha personagem, Dom Mariel, pudesse assemelhar-se a dezenas de pastores em todo o mundo, o "bispo" Macedo, da Igreja Universal do Reino de Deus — cujo crescimento é assombroso —, enfiou a carapuça e moveu um processo contra mim, processo esse que, no momento em que redijo estas memórias, ainda rola na Justiça. Curioso é que, na referida minissérie, criei duas personagens, ambas pastores evangélicos de uma mesma igreja imaginária, uma honesta, e outra desonesta. O pastor honesto é negro (Milton Gonçalves), o desonesto é branco (Edson Celulari). O "bispo" Macedo preferiu identificar-se com o desonesto. Por quê? Preconceito de cor?

Numa tórrida manhã de janeiro de 1991, surpreendentemente até para mim, amanheci candidato à Academia Brasileira de Letras. Também nesse, como em vários outros momentos decisivos de minha vida, a confluência de situações, a que se chama comumente acaso, teve papel importante. Na véspera, após uma eleição em que nenhum dos candidatos conseguira eleger-se, Marcos Vinícius Vilaça telefonou-me dizendo falar em nome de um grupo de acadêmicos — esse grupo resolvera lançar minha candidatura. Eu aceitaria? Eu havia interrompido meu trabalho para atender ao telefonema, tinha na cabeça outras personagens, outros temas, viajava em outros mundos e nunca pensara seriamente em candidatar-me a uma cadeira na casa de Machado de Assis.

— Você precisa dizer sim ou não, a turma está esperando. — Hesitei, há mais de 10 anos Jorge Amado vinha insistindo para que eu me candidatasse e eu contrapunha minha total falta de "vocação" acadêmica (que se comprovou literalmente mais tarde, depois de eleito), pedi tempo para pensar, mas Vilaça insistia. Coincidentemente, ele me pegava num desses momentos raros em que minha vida familiar e minha vida profissional eram como dois rios plenamente navegáveis, sem abruptas cachoeiras ou alucinantes corredeiras — o país conseguira livrar-se dos ditadores de plantão, tentava pacificamente democratizar-se, a Censura me dera uma trégua, em casa reinava a paz e a rotina de um casamento bem-sucedido. Bernadeth, feliz com a gravidez de mais uma filha, Luana, hibernava a frustração de ter interrompido sua carreira de atriz para interpretar, por amor, um único papel (mais difícil do que qualquer outro), o de minha companheira e seu desempenho era irretocável. Meus filhos do primeiro casamento, seguindo suas vocações, conseguiam o que poucas pessoas conseguem, trabalhar naquilo que lhes dá prazer. Guilherme e Alfredo como músicos, competentes em seus ofícios, Denise firmando-se cada vez mais como poeta, conquistando prêmios e reconhecimento. Estava tudo tranquilo demais; era, por isso, um desses instantes perigosos em que somos tentados a fazer alguma extravagância para quebrar a monotonia, a rotina. Poderia arranjar uma amante ou comprar um iate. Achei que a Academia era extravagância menos arriscada.

Claro, isso não teria acontecido se eu tivesse 20 ou 30 anos, ou mesmo 50 (três anos antes, em *Meu reino por um cavalo,* havia feito uma crítica bem-humorada aos acadêmicos) —, todo jovem intelectual de esquerda julga-se na obrigação de ser contra a Academia. Diria até que escritor de esquerda que nunca contestou a Academia ou nunca foi jovem, ou nunca foi de esquerda. Mas sabia que pelo menos três amigos já maduros consideravam minha atitude uma rendição. Dois deles viriam a se candidatar nos anos seguintes, Antonio Callado e Darcy Ribeiro. Restou apenas um, meu companheiro, parceiro e fraterno amigo Ferreira Gullar — inarredável.

Essas posições decorrem de uma mitificação da Academia, confundindo-a com uma espécie de nobreza e poder (é essa também a visão popular) que foge totalmente à realidade, quando ela é, apenas, um clube fechado onde se pode conviver com pessoas admiráveis e outras não tanto. Essa convivência às vezes torna-se difícil para quem é avesso ao carreirismo literário ou ao mesquinho jogo de vaidades, como eu. Mas joga quem quer. Há também a ideia de que a Academia transforma os indivíduos, tornando-os, num passe de mágica, culturalmente conservadores. Tolice, com o alegórico fardão ou sem o alegórico fardão, olho-me no espelho e me vejo tal como era (ou sonhava ser) em minha juventude — um escritor afinado com seu povo, nada mais do que isso.

Minha candidatura, que todos me asseguravam seria tranquila (um dos argumentos usados para me convencer a aceitá-la) foi, entretanto, combatida com recursos de baixo nível, cartas anônimas enviadas a todos os acadêmicos, acusando-me, entre outras coisas, de ser comunista, como se isso fosse uma grande revelação (num dos primeiros telefonemas que recebi, parabenizando-me pela eleição, meu principal adversário, o poeta Mendonça Telles, em gesto muito pouco ético, garantiu-me que não ele, mas outro candidato, Gerardo Melo Mourão, que havia desistido, era o autor das cartas).

Vendo Jorge Amado, naquela fresca noite de julho, pronunciar seu candente discurso de recepção, sem dúvida um dos mais belos que já foram proferidos naquela casa — engessado num desconfortável e heráldico uniforme que me desfigurava exteriormente e desafiava perigosamente meu senso de humor, o moleque anárquico e gozador que sempre tive dentro de mim —, houve um momento em que me desliguei e me vi, como num *flash back,* com 20 anos, naquele quarto de pensão, em Copacabana, lutando desesperadamente para realizar um sonho, viver do meu ofício de escritor — nada mais do que isso e nada mais difícil do que isso em nosso país. Havia conseguido. Aos trancos e barrancos, tendo às vezes que emporcalhar as mãos e seguir por acidentadas encostas, perdendo-me num matagal de equívocos e retornando após ao leito da estrada, combatido, discutido, perseguido, maldito, havia conseguido. Era o que importava. Não, não experimento a sensação do dever cumprido, estou muito longe disso, sei que no momento de fechar as contas estarei em débito. Consigo pilotar meu barco ao sabor dos ventos, mas sei que há muito mar pela frente, talvez nunca chegue ao porto. Tomara mesmo que não, pois o melhor da viagem é estar nela.

Sei que fui e sou uma pessoa incômoda nesse meu ofício — disseram-me isso muitas vezes. Incômoda para os detentores do poder temerosos de qualquer questionamento, incômoda para os acomodados, os que nada querem mudar e por isso acusam de espúria qualquer arte participante, incômoda para os que me pagam para divertir o povo, qual bobo da corte e não para suscitar desagradáveis polêmicas, incômoda para os que preferem silenciar sobre o inadmissível, no silêncio cúmplice e criminoso dos omissos. Aceito a tarja que me pregaram na testa: subversivo. Minha única dúvida é se realmente a mereci, se de fato incomodei bastante.

Eu morri no dia 20 de janeiro de 1995. Foi uma morte programada, rápida e passageira, que durou apenas 40 minutos — durante esse tempo meu coração foi substituído por uma máquina, enquanto o Dr. Adib Jatene fazia uma recauchutagem em minhas artérias entupidas por tensões e angústias de uma existência levada estupidamente a sério. Dessa curta viagem sem olhos e sem voz ao mundo do não-ser, nada ficou registrado em minha memória, lamentavelmente — apenas o apagar e acender de uma lâmpada — se a morte é isso, não há por que temê-la.

Bernadeth acenando para mim a distância fez-me entender que regressara à vida — entubado e reconectado, estava numa UTI. Esse meu segundo nascimento foi, como é óbvio, bastante diferente do primeiro, quando devo ter chorado muito a perda de meu aconchego no útero materno. Agora, liberto das sondas e de volta ao quarto do Hospital do Coração, fui invadido por uma incontível sensação de euforia. Espantada, Bernadeth viu-me sair do leito e fazer um convite insólito:

— Você sabe dançar conga? — E, em seguida, ensaiar os primeiros passos do ritmo caribenho. — Um, dois, três, quatro. Um, dois, três, quatro.

— Doutor, ele está louco! — gritou no corredor, chamando o médico de plantão.

Não, não estava, ao contrário; aquele rápido mergulho nas águas do lago gelado além da morte dotara-me de estranha lucidez — depois de tudo que havia passado, teria sentido continuar levando a vida a sério? Era bom estar vivo, era muito bom. Mas por quê? Se me perguntassem, não saberia responder. Deus é um bom dramaturgo, não se pode negar, sabe jogar com suas personagens, sabe torná-las verossímeis dentro da inverossimilhança total da vida, essa tragédia farsesca. Consegue fazer com que seus intérpretes lutem por seus papéis desesperadamente na ilusão de poder melhorá-los com uma contribuição pessoal, quando Ele, cioso de sua obra, não admite cacos, atitude que apoio integralmente. Só um reparo: repete-se muito, pois todas as suas peças têm sempre o mesmo e previsível desfecho — a morte. Sei que é antiético falar mal de um colega, mas Deus sofre de milenar falta de imaginação.

Este livro foi composto na tipografia Minion Pro,
em corpo 11,5/16, e impresso em
papel off-white no Sistema Cameron da
Divisão Gráfica da Distribuidora Record.